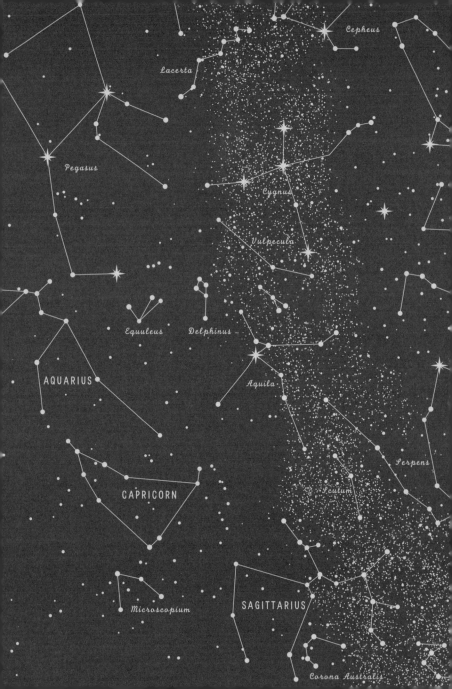

Fortune Message

水瓶座への贈り物
ジーニー

THE GIFT FOR AQUARIUS

宝島社

VOICES INSIDE
AN AQUARIUS

水瓶座の心の声をのぞいてみましょう

口では何とでも言える
私は「行動」で示す

誰もわかって
くれないと、
すごく悲しいです

夢見る人のままでいたい

LOVE

憧れがあるから、
私は進化し続ける

対立することを恐れない
そこから何かが、始まるから

空気って、どう読めばいいの？

好き嫌いが
はっきりして
いるのって
長所でしょ？

存在感のある人は
尊敬します

& PEACE

本気で
怒ると
自分でも
怖い（笑）

とりあえず買っちゃった！　これ、何に使おうかなあ？

不可能なんて
古い思い込みです

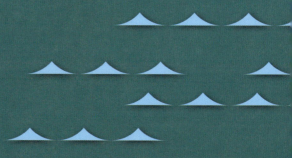

水瓶座のあなたへ──

まず最初に
1つ質問します。

最近、「初めて体験したこと」は
何かありますか？

DEAR AQUARIUS
親愛なる水瓶座のあなたへ ──はじめに──

　12星座の中でもっとも多くの人が「つかめない」「何を考えているのかわからない」と感じている星座……それはもしかしたら、水瓶座かもしれません。もしかしたらあなたのことを「人間世界に遊びに来た、天使か妖精」のように感じている人もいるかもしれませんね。

　実際、それは当たっている側面があるかもしれません。あなた自身「自分が浮いている気がする」「言いたいことがうまく伝わらない」と感じたことがあるのでは？

　ではあなたの魂は、どこから来たのかというと……未来です。あなたの思うこと、考えることのすべてが未来的です。そのためほかの人たちは、なかなかあなたの思考を理解できません。そのことであなた自身、さびしい思いをしたことがあるかもしれませんね。でもまもなく、あなたの

言っていたことの本当の意味に、皆が気づき始めます。

　あなたはこの世界に「新しい風」をもたらす存在です。そこで、冒頭の質問を投げかけました。最近、ドキドキしながら挑戦した「初めてのこと」はありましたか？

　ちょっと考え込んでしまったなら、あなたという「風」の勢いが、少し弱っているのかもしれません。あなた自身がこの地球に飽きてしまっていたなら、世界全体がつまらないものになってしまいます。小さなことでもいいので、新しいことを頻繁に経験すること、そして好奇心を持ち続けることがあなたを元気にします。

　それではこの本を開いて、知っているようで知らなかった新しい「あなた」を探しにいきましょう。

ジーニー

THE WORLD OF
AN AQUARIUS
水瓶座の世界

そもそも水瓶座って
どんな星座？
それを知るためにこの世界にある
「水瓶座にまつわるもの」を
探しに出かけましょう。

飛行機

朝焼けに浮かぶ白い飛行機雲
ぼんやり眺めていると遅刻しそう
あの飛行機に乗ってどこかへ飛んで
少し違う未来を見てみたい
水瓶座は時代の担い手
いつも新しい自分でいたい

博愛精神

人間が好きだけど動物も好き
草花や岩山、珊瑚礁も好き
地球が好きで、この宇宙が好き
みんなみんな、仲間だから
みんなみんな、愛してる
片思いの恋？　違うよね！

化学反応

水と油は混ざり合わない
だからこそ仲良くなれる
恋する気持ちも同じこと
あなたと私が出会うと
幸せな化学反応が発生する

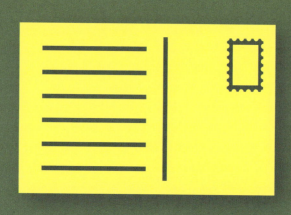

旅行

旅先からのポストカードに
違う国の切手が貼ってある
「早くまた会いたいね」って
そう言いながら、どこに行くの?
お土産話もしないままで
水瓶座はもうここにいない……

新しい時代

ネットにつながるだけで
世界はもう私の遊園地
サファイアみたいな青い星
この星のどこに降りよう？
この時代で良かった
21世紀で本当に良かった

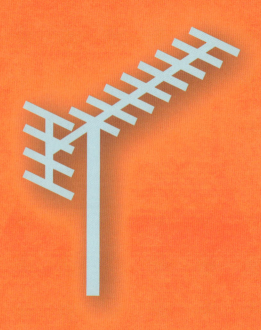

アンテナ

感度のいいアンテナで
真っ先に流行を受信する
それは決してはずさない
今日着ているこの色だって
来年の今頃はア・ラ・モード
そうなったら、私にとってはもう古着……

アドバイス

決められないことがあるなら
水瓶座に聞いてみよう
いつでも自信たっぷりに
どんなことでも教えてくれる
ところで、不思議なんだけれど……
あの知識はどこから来るの?

CONTENTS

水瓶座への贈り物
THE GIFT FOR AQUARIUS

2　VOICES INSIDE
　AN AQUARIUS
　水瓶座の心の声をのぞいてみましょう

6　DEAR AQUARIUS
　親愛なる水瓶座のあなたへ ──はじめに──

8　THE WORLD OF
　AN AQUARIUS
　水瓶座の世界

18　THE ELEMENTS OF
　AN AQUARIUS
　水瓶座ってどんな星座？

20　**CHAPTER 1**
水瓶座の
いいところ

22　水瓶座の心の中

30　水瓶座の心の裏

32　水瓶座の愛の形

36　水瓶座の仕事と夢

40　水瓶座の人との関わり方

42　水瓶座のお金と豊かさ

44　水瓶座に幸運が訪れる
　　3つの予兆

48　**CHAPTER 2**
水瓶座のための
「心の処方箋」

50　「未来が怖い……」
　不安が尽きない時

51　「さびしくなんてない」
　強がってしまう時

52　「もしかして……」
　ときめきを感じた時

53　「わかり合えない！」
　誰かと心が通じない時

54　「夢が見つからない」
　希望と自信が消えた時

55　「はあ……」
　何もかもつまらない時

56　「やっちゃった！」
　仕事で失敗した時

57　「悲しくて耐えられない」
　別離を経験した時

58　「傷ついた……」
　とても悲しくつらい時

59　「迷ってしまう」
　答えを決められない時

60　水瓶座をもっと
　元気にしてくれるもの

66 **CHAPTER 3**
水瓶座の魂を癒やすワーク

- 68 「幸せの答え」はあなたの中にあります
- 70 『過去を癒やす』ワーク
- 74 『未来を見つける』ワーク
- 78 『水瓶座のための』ワーク

82 **CHAPTER 4**
水瓶座の運命のターニングポイント

- 84 運気は「新月」と「満月」を節目に流れが変わります
- 88 2015-2022 新月・満月カレンダー
- 90 1番目の新月／1番目の満月
- 91 2番目の新月／2番目の満月
- 92 3番目の新月／3番目の満月
- 93 4番目の新月／4番目の満月
- 94 5番目の新月／5番目の満月
- 95 6番目の新月／6番目の満月
- 96 7番目の新月／7番目の満月
- 97 8番目の新月／8番目の満月
- 98 9番目の新月／9番目の満月
- 99 10番目の新月／10番目の満月
- 100 11番目の新月／11番目の満月
- 101 12番目の新月／12番目の満月

102 **CHAPTER 5**
水瓶座を取り巻く12人の天使

- 104 人間関係に悩んでいるあなたへ
- 106 牡羊座の相手
- 107 牡牛座の相手
- 108 双子座の相手
- 109 蟹座の相手
- 110 獅子座の相手
- 111 乙女座の相手
- 112 天秤座の相手
- 113 蠍座の相手
- 114 射手座の相手
- 115 山羊座の相手
- 116 水瓶座の相手
- 117 魚座の相手

- 118 巻末特典
  GENIE'S PHOTO HEALING
  願いを叶えるフォトヒーリング

- 124 **FUTURE OF AN AQUARIUS**
  水瓶座の未来 ──おわりに──

- 126 星座境目表
- 127 著者紹介

THE ELEMENTS OF AN AQUARIUS

水瓶座ってどんな星座？

11 番目の星座

12星座は人の一生にたとえられますが、11番目の水瓶座はあらゆる肩書きや責務から解放され、悠々自適に過ごす段階です。

風のエレメンツ

西洋占星術では万物は火・地・風・水という4つのエレメンツ（元素）で成り立っていると考えます。水瓶座は「風」に属します。

男性星座

12星座を能動的な「男性星座」と、受動的な「女性星座」の2種類の性質に分けた場合、水瓶座は「男性星座」に属します。

不動宮に属する

12の星座を性質によって3つに分類する3区分（活動・不動・柔軟）の考え方では、水瓶座は揺るぎなく安定している「不動宮」になります。

守護星は天王星

水瓶座を守護する星は天王星です。革新の星であり、人々の価値観を変え、新旧交代を促します。また人生に新鮮な驚きをもたらす星ともされています。

水瓶座の星座記号は、水瓶の中にたたえられた水、あるいは海が波立つ形を表していると言われます。

CHAPTER 1

心の中に眠る真実のあなた

水瓶座の
いいところ

万物が凍り、もっとも寒さが厳しい頃、水瓶座はこの世に生を受けました。この世界で「あなたにしかできないこと」を果たすために……。それは何なのか、探ってみましょう。

水瓶座の心の中

あえて人とは違う道を行く

「あなたって、ユニークな人だね」と言われた時、うれしいと感じる人とそうではない人がいます。「ユニーク」という言葉に「自分とは異なる」と敬遠されているようなニュアンスを感じ取ってしまうのだとか。でもこの世界で新しい時代の扉を開いていったのは、いつも「ユニークな人」でした。皆と違う価値観を持ち、違う考え方、違う行動をとる人が、素晴らしい発見をしたり、新しい流行を創り出してきたのです。

そして12星座でもっともその資質に恵まれているのが、水瓶座です。あなたはそれほど、自分を個性的な存在だと思ってはいないかもしれません。むしろ「できるだけ人並みに」「ほどほどで」「足並みをそろえなければ」と考えて生きてきたかもしれませんね。でもあなたの言葉、行動、考え方、ファッション……そのすべて、皆と決定的にどこかが「違う」のです。

あなたの中には「人と同じ」「皆と一緒に何かをする」ということに、どうしても耐えられない側面があるはずです。そのため、無意識のうちに人の群れからはずれるような行動をしています。将来の進路の選択をする際、友達とは違う道を進んできた人もいるでしょう。話し合いの場で1人だけ、正反対の意見を出し

たこともあるかもしれません。

　周囲から「不思議な人」「変わり者」と言われて「どうして自分は皆と同じようにできないんだろう」と落ち込んだこともあるかもしれません。でもあなたが水瓶座ならば、こうしたことはすべて正しい行動だったのです。

　あなたがあなたらしく生きるために大事なこと、それは「これがしたい」「これが好き」「これは嫌だ」など、あなたの心が感じることを精一杯大切にすることです。人の目を気にして、そうしたとがった部分を削ってしまわないようにしましょう。多少でこぼこしていたり、バランスが崩れていてもいいのです。

　あなたならではの個性、自分らしいカラーを、もっと前面に出していってください。もちろんとがった部分は人と衝突したり、誰かとぶつかったりすることもあるでしょう。でもそれでいいのです。あなたは皆と同調しようとするよりも、あえて違うことを選ぶ時に本領を発揮します。

　こうして「世界にたった1人の自分」を大きく育てていく時、恋においても、仕事においても「これは、あなたでなければダメなんだ」と言ってもらえる機会が増えていくでしょう。

水瓶座が持っている
1つ目の宝物

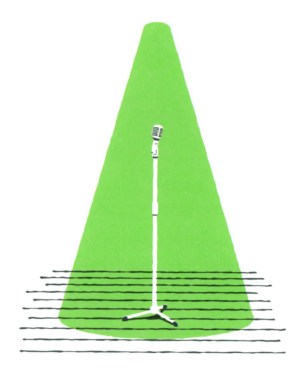

多くの人の目を引きつける
「カリスマ性」

水瓶座の心の中

　水瓶座は、どこかつかみどころのない存在です。あなたは自分の中で完結している、ユニークな思考回路の持ち主。

　そんなあなたの発言や行動は、とても異彩を放っています。誰も思い浮かばないようなことを思いついて、周囲を驚かせたりもするでしょう。もしくはその独自の世界観に基づいた生き様や、生み出した作品が皆の注目を浴びることも。

　あなたのことを「おもしろい！」と大絶賛する人、あるいは「ちょっとついていけないかも……」と引きぎみに見ている人、反応は様々でしょう。いずれにしろあなたが周囲の目を引きつけ、魅了するような「何か」を持っていることは疑いようがありません。水瓶座生まれには時代を大きく変えた科学者や、アーティストがたくさん存在しますが、あなたにも彼らと同じようなカリスマ性があるのです。

　その本質は、いったい何なのでしょう？　なぜあなたの存在が、こうも皆を揺さぶってしかたがないのでしょう？　それはきっと誰も説明できないはず。もしもその正体に気づくことができたなら……きっとあなたは、この世界に光を届ける「次世代のスター」となることができるはずですよ。

25

水瓶座が持っている
2つ目の宝物

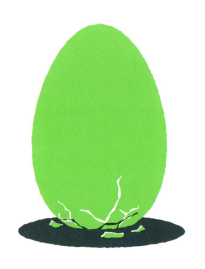

勇者の魂を宿す
「コロンブスの卵」

水瓶座の心の中

　あなたは「コロンブスの卵」のエピソードを知っていますか？
新大陸を発見した探検家・コロンブス。彼の偉業に対して「船
を漕いでいれば、どこかの大陸に行き着くのは当然だ」とバカ
にした人がいました。コロンブスは「ならばこの卵をテーブル
に立ててみよ」と告げますが、誰もできません。それを見たコ
ロンブスは、卵の殻の下部をつぶしてテーブルに立てました。
そして「簡単に見えることも、それを思いつき、最初に行動に
移す勇気こそが大切なのだ」と説いたと言います。

　いつの時代も「新しいこと」を思いつくこと、それを行動に
移すこと、形にして根づかせること、そして周囲の理解を得る
ことはとても大変です。でもだからこそやりがいがあるのです。

　大丈夫、あなたは１人ではありません。あなたと同じように「新
しい生き方をする人」と共鳴し、結びつくことができます。特
に周囲になじめないでいる人、マイノリティーの人、自分自身
を過小評価している人に注目を。あなたはその人がどんなにユ
ニークで素晴らしい存在か、見抜くことができます。あなたか
ら声をかけ、自信を支えてあげてください。きっとあなたの味
方になってくれるはずです。

水瓶座が持っている
3つ目の宝物

清らかな目で世界を見る
「流れる知性」

水瓶座の心の中

　水瓶座は「風」の星座ですが、その名の通り「水」とも関わりがあります。水瓶には、冷たく冴えた水がなみなみと注がれていますが、この水は水瓶座の知性を象徴しています。あなたの意識はどんな時でも曇りなく澄んでいて、状況を冷静に見つめることができます。

　ただ水は常に「流れている」ことで、その清らかさを保っていられます。バケツに入れた水を放置しているとどうなるか知っていますか？　しだいに淀み、腐敗してしまうのです。

　あなた自身の感性の取り扱いに気をつけてください。いつも同じ場所で、同じ人と、同じことをしてると、だんだんと思考が固定化してきます。せっかく目の前に新しいことがあっても古い価値観で眺めてしまうようになります。偏見にとらわれ、物事の決まりきったつまらない面しか見えなくなるのです。

　だからこそ、常に動き回るようにしてください。いろいろなものを見、様々な場所に身を置き、たくさんの人と会話をする。そうして頭の中を常に偏りのない状態にしておけば、あなたはずっと清らかな水のように、フレッシュな人としてこの世界に存在し続けることができるでしょう。

水瓶座の心の裏

他人に対してなかなか心を開けない

　水瓶座のあなたはとてもフレンドリーです。絶妙なひと言で笑いを取るのも上手ですし、初対面の相手にも警戒することなく話しかけることができるはず。

　にもかかわらず、あなたと一緒いると、ふと不安になる人が多いのはなぜでしょう？　「もしかして、自分は嫌われているのでは」「一線を引かれているのかも……」「そばにいるのに、心はどこか遠くにある感じ」という声が挙がっているのです。

　博愛精神を持つ水瓶座は、どんな人にも分け隔てなく優しくすることができます。独りぼっちの人にも声をかけるような、あなたのさりげない優しさに救われた人は多いでしょう。

　でも「誰に対しても平等に優しい」ということは、言い換えれば「どんな人とも等しく距離を置いていて、特定の誰かに深入りしない」ということでもあります。ほかの星座には「好きだからもっと近づきたい」「自分だけを見てほしい」「特別扱いこそ愛の証」と考える人もいます。そうした人からすれば、あなたは半分しかここにいないように映るでしょう。

　「人は人、自分は自分」と言えば聞こえはいいですが、つまり他人に対する関心が低いのです。どんなに親しくなっても楽し

いだけの表面的な関わりに終始して、本当の意味で心を開けない……それがあなたの「孤独感」の原因。

　また、あなたはあらゆる物事を疑ってかかる性分です。世の中で常識とされていること、皆が盲信しているものほど「本当に正しいのか？」と疑いの目を向けるでしょう。過去、年長の家族、教師から受けた言葉、兄弟姉妹や友人と比較されて、悲しい思いをした経験などが、この「疑い」の性質に拍車をかけている可能性があります。もしも些細なことでも、自分の正当性を主張するために人を傷つけてしまった経験があるなら、相手の気持ちや立場を重んじる必要がありそうですね。

　こうしたあなたの傾向は、人との関係を築く際にぜひ乗り越えたい課題。「わかり合えないなら、何をしても無駄」と投げ出したり、「裏切られるなら最初から信じない」と諦めるのではなく、それでも「歩み寄る」努力をしてみてはどうでしょう？

　「この人のことを理解したい」と、自分から1歩近づくことこそが愛です。たとえ100％わかり合うことができなかったとしても、互いの心に何か温かいものが宿ります。それこそがあなたの孤独感を癒やす、一番の解決策なのです。

水瓶座の愛の形

どんな人とも、自由に愛を育める

　あなたの恋に制約は一切ありません。その証拠に今この瞬間、どんな人とも恋に落ちる可能性を想定できるのでは？　「そんなのあり得ない」というタブーがないため、年齢差のある恋、違う文化や言語環境の恋、正反対の主義を持つ人との恋にも抵抗がありません。「本来恋に落ちるべきではない」と言われている相手に惹かれてしまうことも。あなたは、あらゆる肩書きを取り払った「裸の相手」を愛することができる人なのです。世の中の条件や常識、世間の目に縛られながら恋をしている人たちを見て「窮屈ではないの？」と思うかもしれませんね。

　とはいえ、あなたが間違った恋に落ちやすいということでは決してありません。恋はごく個人的なことでありますが、それぞれに自分の世界、大事な家族や友人がいることをきちんと理解すれば、暴走するようなことはないでしょう。大胆さと冷静さ、両方を兼ね備えているあなたは、この地上において最大限にドラマチックな恋を体験できる人とも言えるのです。

　どんな人のことも愛することができるあなたの「好きなタイプ」を特定するのは、とても難しいことです。でも特別な運命の人に出会ったら、今までの恋とは違うことにすぐ気づくでし

ょう。出会った瞬間のインパクトはとても大きく、まず共感よりも抵抗を覚えるのが特徴です。でもしだいにほかの人がどうでもよくなってしまうくらい、強く惹かれ合います。

この相手はあなたのことをとても尊敬してくれています。割と早い段階であなたを友人に引き合わせ「恋人」と紹介してくれたなら、運命の相手である可能性が高いでしょう。その人物と出会うことで、人生は劇的に変化します。特にあなたの社会的地位が上がるのが特徴です。

ただ、恋愛において1つだけ、気をつけてほしいことがあります。あなたは仕事やお金、人間関係、将来に関することなど、目の前に様々な壁が立ちはだかると「結婚してすべてリセットしたい」という願望が芽生えるようになります。でもこの「結婚すればすべての問題が解決する」という考え方が、幸せな恋愛・結婚を妨げる一番の原因になっていることも……。

あなたの意識が変わらなければ、同じことの繰り返しです。奇跡のようにすべてがまるく収まる、とは考えないようにして。むしろその発想を乗り越えた先に、最高の運命の相手がいると信じて、突き進みましょう。

1人の時は…
そうと決まれば、一気に動き出す

恋愛モードに入る時と、1人でいたい時、その差がはっきりしているのが特徴で、一度エンジンがかかると一気に動きます。ただしその聡明さが災いし、1人でいる期間が長くなればなるほど、いろいろなことを考えすぎて、恋に飛び込めなくなってしまいます。そういう時は、これからどんな人生を生きて、恋人とどんな生活を送りたいのか、イメージしてみるといいでしょう。恋心が復活します。

好きな人ができると…
相手にはありのままの自分を見せる

恋をするとあなたは、他人の存在が気にならなくなり、好きな人には素顔で接することができるようになります。タブーがないので驚くようなアプローチをして、相手の心に入り込むこともあるでしょう。同時に、世の中のことに関心が高くなるのも特徴です。ニュースをきちんと見るようになったり、社会に向けて何かを発信したくなったり……。これはあなたの心が「愛」を感じたからこそ起こる現象です。

水瓶座の愛の形

カップルになると…
「1人」と「2人」、そのバランスを意識

恋人と過ごす時間も大事だけれど、1人の時間も同じくらい大事と考えるのが水瓶座のあなた。恋人ができるとそのバランスのとり方に苦心するかもしれません。でも「どうしてわかってくれないんだろう？」と相手に対して不満を抱くよりも、「どうしてこんなにわかってくれるんだろう！」といううれしい驚きのほうを大事にしてください。そうすれば2人の愛はきっと永遠のものとなるでしょう。

結婚すると…
相手の家族とも良好な関係を築く

結婚を機に、相手の家族や親戚、友人たちとのつき合いが始まります。あなたは、その新しい関係性を存分に楽しむことができるでしょう。結婚することで「あなたの理想」は「2人の理想」に変わります。壁にぶつかったり、互いの意見が食い違っても、パートナーときちんと話し合い、2人で答えを出していけるでしょう。共に人生を歩む同志ができることに、言葉では言い尽くせない心強さを感じるはずです。

水瓶座の仕事と夢

不満をバネに世の中を変える

あなたは今の仕事に不満を抱いていますか？　実は、あなたは「常に不満を抱く」ようにプログラミングされているのです。……というのは、半分は冗談ですが、半分は本当です。

あなたはいつも「未来を今よりも良くしたい」と願っています。そして長く続いていること、昔からあるものが必ずしも「正しい」わけではなく、時にそれが弊害を生み、人を苦しめていることも知っています。そのため「もっとこうしたらいいのに」「これでは効率が悪い」と、いろいろなことに不満を抱くでしょう。そうして無意識のうちに、古い慣例や決まり事、予定調和的なことを壊すような行動を選択してきたのでは？

とはいえ、新しいことは反発を受けるのが世の常。またあなたを快く思わない「古い人々」もいるはず。でもそこで「誰もわかってくれない」とすねたり、「出る杭は打たれるのだ」と悲観的になっているうちは、水瓶座の本領は発揮されません。「出る杭は打たれて強くなる」と考えてくださいね。

そのうちに素晴らしいことが起こります。あなたの「潜在能力のふた」が開き、無尽蔵のパワーが出るようになるのです。すべてが満たされた、ぬるま湯のような状態ではこの底力は目

覚めません。逆境にあって「負けるものか」と思う時に、初め
て限界を突破できます。この仕組みを作動させる燃料が「不満」。
夢を実現し、世界をより良くする原動力なのです。

　そんなあなたが果たすべき使命、それは自分の愛するものを
世に広めていくことです。「大好き」と感じるものに接している
時、あなたは素晴らしいエネルギーを受け取っていると実感す
るはず。最初はなかなかその素晴らしさが人に理解されないか
もしれません。でもあなたがそれについて熱く語る時、世の中
を確実に変えていく力が与えられているのです。

　大事なのは、あなただけの「スキル」を自覚しておくことです。
あなたがほかの人と違っている部分はどこか、しっかり意識し
ましょう。同じような人がたくさんいる環境より、「異質な存在」
でいられる場所こそ、あなたの役割が光るからです。

　もう1つは「温故知新」です。矛盾しているようですが「枠
を壊す」には「枠が何かを把握する」必要があります。古いも
のの良さ、受け継がれてきた理由を十分に知ったうえで、あな
た流の形を見つけましょう。そうすれば、今この瞬間を生きる
自分たちのための「新しいやり方」を生み出せるでしょう。

デーク別　水瓶座の天職

世界に「新」の要素を生み出すこと

　水瓶座は何らかの新しいものを生み出すことを使命としています。どんなジャンルでも、新しい挑戦をさせてもらえるような環境ならば、めきめき頭角を現すでしょう。

　ただ「水瓶座」にもいろいろなタイプがいます。それを見分ける占星術の指標が「デーク」。1つの星座を生まれた時期で3つのグループに分けたもので、特にどんな性質を強く持っているのかを見ていくことができます。ここからそれぞれの才能や適性、向いている職業をより詳しく分析していきましょう。

第Iデーク
「最先端」の水瓶座　　　（01／20〜01／29生まれ）

　水瓶座は総じて冴えた頭脳の持ち主ですが、その中でも第1デーク生まれの人は、神がかったインスピレーションに恵まれます。人々が誰も想像できないような、革新的なアイデアは、この人を通じてもたらされることでしょう。どんなジャンルでも、新規プランが求められる場所では有能です。

　情報発信力もあるので、通信・放送などの業界とも好相性。存在感を発揮できるはず。いずれにしろ最先端を走っている感覚が、この人のモチベーションを高めます。ベンチャービジネスに関われば、「時代の寵児」として注目されることも。

水瓶座の仕事と夢

第Ⅱデーク

「啓蒙」の水瓶座 （01／30〜02／08生まれ）

　クリエイティビティーにあふれ「言葉で何かを伝える仕事」に適性があるのが、この第2デーク生まれの人です。言葉を通じて人々の心を揺さぶり、新しい時代へと牽引していく使命を持っています。人間観察力にも秀でているので、人々が潜在的に抱いているニーズを汲み取って「ズバリ」とその人たちの心に刺さるようなひと言や商品を生み出すでしょう。そのため広告や出版に関する職業が天職となりやすいはずです。

　コミュニケーションスキルにも長けているため、人と会話をする仕事ならオールジャンル、活躍の舞台となります。

第Ⅲデーク

「トレンド」の水瓶座 （02／09〜02／20生まれ）

　水瓶座の持つ革新性が「美」という形で発揮されるのが、この生まれの人々です。美しいものに対する独自のセンスを持っていて、それが唯一無二の個性としてこの人を輝かせます。そのためヘアメイクなどの美容業界、ファッションに関する仕事では実力を発揮し、多くの人の憧れを集めるでしょう。

　このほか、人を喜ばせることにやりがいを感じるため、音楽や舞台などエンターテインメントに関する仕事も向いています。時代の風をキャッチして、大きなムーブメントを生み出すこともあるでしょう。どんな職業でも、サービス的要素があれば大成します。

水瓶座の人との関わり方
違いを個性として認め、尊重し合う

　12星座の中でも、水瓶座の人との関わり方はとても独特です。オンとオフがはっきりしていて、頻繁に連絡を取り合ったかと思えば自然に途絶え、またいつしか関係が復活。そして久しぶりに会えたなら互いの成長をほめ合う……そんな不思議な友達ばかりではないでしょうか？

　ただし「連絡をまめに取り合うこと」「一緒にいて同じ体験をすること」を友情と考える人からすれば、あなたのような人づき合いのしかたは、信じられないかもしれません。

　あなたはどんな人にも長所と短所があり、完璧な人間などいないと知っています。そのため自分と異なる考え、能力を持った人を尊重することができるのです。それに対し、同じであることを友情の証とする人は「違い」を認めません。

　もしも、あなたが間違ってそうしたグループに入ってしまったなら大変です。相手はあなたのいいところを全部削ぎ落とし、自分色に染めようとするでしょう。こうしたことは互いにとって不幸ですから、つき合う相手は慎重に見極めて間違いはありません。ありのままのあなたを受け入れ、愛してくれるような人との交流を優先してください。

単独行動を好み、たいていのことは自分1人でやってのけるあなたですが、あなたの一番大きな夢を実現するためには、どうしてもほかの人との関わりが必要になるということも、覚えておいてください。この先の人生で、あなた以上に、あなたの素晴らしさを鋭く見抜いてくれる人が何人か登場するでしょう。その人との出会いをきっかけに、人生が大きくシフトしていくことになるはず。その出会いを引き寄せるためにぜひ行ってほしいのは、自分の夢を語ること。そうすればそれに賛同する人々があなたの元に集まり、思い描く理想の未来に向けて大きな流れが生まれるでしょう。あなたの時代の始まりです。

　ただ集団行動を苦手とするあなたは、あなた自身が気づいていないところで、多少、混乱の原因となっていることがあるようです。でもなぜか憎めないのは、あなたには人を貶めるような陰険さや、自分だけ得をしようとする強欲さがないから。思いやりに満ちていて「皆のためを思って」という気持ちがあるからこそ、存在が認められているのです。このことは忘れないでください。そうすれば調子に乗って暴走するようなことはなくなり、存分に持ち前の魅力を発揮していけるでしょう。

水瓶座のお金と豊かさ
アイデアをお金に換える天才

　水瓶座のあなたは、お金のために生きる人ではありません。それ以上に大切なことがあるのを知っているため、お金については無頓着なところがあります。

　にもかかわらず、これまでお金の工面をしなければならない状況に見舞われたことがないのなら、あなたが鋭い直感でピンチを未然に回避してきた証拠。お金に関することは、過去のデータや情報より、あなたの勘がもっとも信頼できます。

　もしも今「お金がない」と悩んでいたり、「将来が不安」とお金のことばかり考えているようなら、あなたの直感が鈍っているのでしょう。こういう時は、できるだけお金のことを考えず「成り行き任せ」にしたほうが回復が早まりますよ。

　そもそもあなたは世の中の人々のニーズに応える、つまりお金に換わる才能をいくつも持っています。もしもお金がないのなら、そういったあなたの才能の芽を摘まれてしまうような環境に、身を置いているのかもしれません。「あなたの意見を採用する仕組みを持たない組織」「改善する余地のない作業」「向上心のない同僚」、このどれかが当てはまる職場なら、早々に転職を考えてもいいかもしれませんね。

実際、あなたのアイデアは「お金のなる木」です。あなたが「こうなったらいいな」「こんなものがあったら素敵なのに」「皆が喜ぶんじゃないかな」と思うことを発信して世間に与えれば、必ずあなたの元に「豊かさ」となって戻ってきます。一番惜しいのは、それを眠らせたままにしてしまったり、ほかの人に先を越されてしまうことです。

　世の中には「アイデアがあっても資金がない」人と「お金はあるけれど、どう使っていいのかわからない」人が存在します。この両者をつなぐのが「ご縁」という宇宙の働きです。あなたのアイデアが世の中のためになり、多くの人を幸せにするものなら、宇宙は必ず全力でサポートしてくれるはずですよ。

　もしもそういった水瓶座ならではのアイデアが次々と湧いてくる感覚をまだつかめていないなら、毎日ちょっとしたトレーニングをしてみましょう。やり方は簡単。ノートを１冊用意して、思ったことは何でもメモに取る習慣をつけることです。もちろん携帯電話のメモでも OK。この習慣を続けていると、あなたが本当に輝ける仕事のチャンスが近づいてきたり、不思議とお金が舞い込むようになってくるでしょう。

水瓶座に
幸運が訪れる
3つの予兆

「これが起きたら、こんな出来事がある」というように
運命には、すべからく「前ぶれ」があります。
水瓶座の運命のサインはどのように訪れるのでしょう？

GOOD SIGN 01

足にまつわる あらゆる出来事は 人生の転機を暗示

　あなたにとって「靴」はとても大事なアイテムです。12星座はそれぞれ人体にも対応していますが、水瓶座は「足」を司る星座。そのため足のトラブルに見舞われるのは、あなたに何か重要な警告がもたらされているのかもしれません。

　また新しい靴が欲しくなるのは、不安を1つ乗り越えつつあるサイン。あなたがこれまでに開いたことのないドアを押し開け、向こう側の世界に足を踏み入れる時が近づいているのです。そのため靴を新調すると、人生に変化が訪れやすいでしょう。それを履いて出かける場所をイメージすれば、恋、仕事、対人面……どこに素敵な出来事が起きるか、推理できるかもしれません。特にお気に入りのブーツを持つことはおおいにおすすめです。

GOOD SIGN 02

やたらと身辺の物が壊れるのは仕事の好機到来

　人生において「身の回りの物がやたらと壊れる」という不思議な時期を経験することがあるかもしれません。例えばグラスなどの壊れやすい物、パソコンや携帯電話などの家電、アクセサリーやバッグ、文房具などの雑貨が壊れることも……。

　実はこういう時、あなたから「変化」のエネルギーがほとばしっています。あなたの潜在能力が開花しようとしている時、そのパワーに圧倒されて、身の回りの物が壊れてしまうのです。

　こうした時期が過ぎると、あなたは仕事上での大きな転機を迎えることになるでしょう。新たな夢を見つけたり、大きなチャンスが舞い込んだり……。それは意外な展開かもしれません。でも、あなたは心の中でその変化を歓迎することになるでしょう。

GOOD SIGN 03

料理への関心が高まるのは、うれしい恋の予感

　水瓶座は食にやや無頓着なところがあります。サプリメント頼みの生活をしていたり、忙しい時は「食べる時間がもったいない」と、ファストフードで済ませているかもしれませんね。

　そんなあなたが「料理をしてみようかな」「おいしいものを食べたい」、あるいは「これまでまったく作ったことのないメニューに挑戦したい」と思うようになるのは、とても重要な変化。とりわけ、これは恋に関する重要な動きがある前兆です。恋愛が次のステージに進んだり、結婚に向けたご縁が近づいている証。

　もしもこういった変化を引き寄せたいなら、「家で愛する人とゆっくり食事を楽しむ」イメージをしてみましょう。あなたが幸せな恋愛・結婚をするための宇宙の応援が得られますよ。

CHAPTER 2

あなたの心がうずく時に……

水瓶座のための
「心の処方箋」

笑ったり、怒ったり、ドキドキしたり、不安になったり……。人間は、毎日、いろいろな感情を体験します。そんな揺れ動く心をなだめて癒やす、「言葉」のお薬です。

CASE 01

「未来が怖い……」
不安が尽きない時

もしもこの先１ヵ月間のあなたのカレンダーに、楽しい予定が１つも書き込まれていなかったとしたら……これは大問題。本来、未来にたくさんの希望を思い描けるあなたが、自分の人生に無関心になっていることの表れだからです。「自分の人生はどうなるんだろう」と、遠い未来にまで余計な不安を募らせるようになってしまっているのでは？

あなたがいい状態で日々を過ごすためには、「楽しみでワクワクする予定」が欠かせません。それがあるからこそ頑張れるし、将来に大きな夢を描くことができるのです。

もしもそうした予定が何もないなら、まずは今日、これからの時間に楽しい予定を１つ作ってください。そうしてそれを存分に楽しみ、「今この瞬間」が満たされれば、未来に関する不安は消えていくでしょう。明日も明後日も、あなたは同じように幸せを感じることができるはずです。

「さびしくなんてない」
強がってしまう時

　水瓶座のあなたは、年齢や性別、育ってきた環境など、あらゆるスペックに左右されず、その人の本質を見ることができます。そのためどんな人とも仲良くなれるでしょう。実際、人脈もとても広く、日々いろいろな人との出会いを楽しんでいるのではないでしょうか。

　そうにもかかわらず「さびしい」と感じてしまうのは、いったいどういうことでしょう？　たくさんの人と知り合い、仲良くなっても、本当に心の底からわかり合える人がいない、と感じているのでは？　新しい出会いを求めるのはもちろん素晴らしいことですが、一方で、以前からの友人知人と語らい、あなたの弱い部分もさらけ出してみましょう。それができれば、あなたがどんなに周囲から愛されているか、実感できるはずですよ。感じていた「さびしさ」がただの幻想であったことに気づくことでしょう。

CASE 03

「もしかして……」 ときめきを感じた時

　あなたにとって、恋愛はある意味特異な体験かもしれません。誰かを好きになった時、あなたはまず、自分自身の感情の動きに驚きます。特定の誰かに「特別な感情」を抱いている自分を、妙に冷静に見つめているのです。その人に対する様々な思いが止まらないのを感じ、自分がコントロールできなくなったように感じて動揺したり、これまで謳歌していた1人の気楽さを手放さなければならないことに、不安を覚えたり……。恋に落ちた時、こんな感情を感じるのは12星座でも水瓶座だけ。それだけあなたは1人で行動するのに慣れているのです。

　でも恋愛は、あなたを制限するものではありません。「新しい形の自由」をもたらしてくれるのです。例えば1人で行動する自由は減るかもしれませんが、1人では体験できない新しい世界を、2人で歩ける自由が手に入ります。それは素敵なことなのではありませんか？

CASE 04

「わかり合えない！」
誰かと心が通じない時

　混乱した状況にあっても、それを少し離れた視点から眺めることができるのは、あなたの素晴らしい才能です。ただし人間関係の問題は、互いの感情の押しつけ合いになることが多いため、さすがのあなたも疲弊してしまうかもしれません。人と意見が合わない時は、それなりの理由が背後にあるもの。「相手の事情」を心の中で想像してみてください。それが当たっているかどうかはともかく、そんな心の余裕を持って行動すれば、これ以上心を乱される展開にはならないはず。

　また、周囲の人に過剰な期待を抱きすぎないことも大切。「足りない部分」「うまくいかない部分」にばかり目を向けるのではなく、「良かったと思える部分」を意識的にフォーカスするようにしましょう。「自分は人づき合いが下手だ」「誰も理解してくれない」という思い込みから抜け出せば、すべてがスムーズに流れるようになるでしょう。

53

CASE 05

「夢が見つからない」
希望と自信が消えた時

　例えば大きな仕事をやり終えた時、人生の節目となるような出来事が起きた時、あなたは急に自信を失ってしまうことがあるかもしれません。「この先の未来、どうしたいのかわからない」と、燃え尽き症候群のようになってしまうのです。また、今いる環境に対して何の希望も見出せない時も、同じようにあなたの目から輝きが消え失せてしまいます。

　こうした状態から再起動するために大切なのは、大きなことばかりに目を向けず、もっと身近なことに焦点を合わせるようにすること。まずは家の中に小さな幸せを用意しましょう。気になる漫画の最新刊を読むのでもいいですね。次にお気に入りのカフェでおいしいお茶を飲んでみましょう。その次は、大好きな友人とおしゃべりするひと時を設けてみては？こうして「小さな幸せ」を自分の生活圏内にじわじわ広げていくことで、きっと自信を回復することができるはず。

CASE 06

「はあ……」
何もかもつまらない時

　本来のあなたはとても好奇心旺盛です。「おもしろそう」「もっと知りたい」と感じるものを、追いかけずにいられません。でもすべてが面倒になったり、何をしてもおもしろくない、つまらないと感じてしまう時があるかもしれません。

　こんな時、ため息ばかりついて過ごすのは止めましょう。冷静に気持ちを立て直し、あなたがやりがいを感じ、イキイキと日々を過ごしていた時期を思い出してください。ここ最近に見当たらなければ、学生時代や子どもの頃まで時間を巻き戻してもいいでしょう。当時は大変なことがあったとしても、何かに熱中し「楽しい」と感じることがたくさんあったはず。あの時の魂はどこかに行ってしまったわけではなく、あなたの中で眠っているだけ。過去のあなたが、今のあなたにエールを送っているところをイメージしてみてください。きっと、当時の「熱感」がよみがえってくるでしょう。

CASE 07

「やっちゃった！」
仕事で失敗した時

　職場におけるあなたは、とても有能です。あらゆる状況を冷静に観察し、すべきことを間違いなく行動に移すことができます。そんなあなたが何らかのミスをしてしまった時……「このままでは失敗する」と、どこかで気づいていたのでは？　その直感を信じ切れなかったことが、原因の1つかもしれません。

　きっとあなたは自分を責めたくなるでしょう。もしくは、自分の責任を認められず他人に責任転嫁してしまうことも。でもどちらも賢い行動ではありません。それは一時的にあなたの気分を楽にしてくれるかもしれませんが、何も生み出さないのです。

　失敗経験を意義あるものにするためにも、そこから何か学びを得ましょう。失敗の中には必ず次の成功のヒントが隠れているもの。それを見つけ出しさえすれば、この経験は決して失敗などではなく、成功のための足がかりとなります。あなたは転ぶたびに強くなっていける人なのです。

「悲しくて耐えられない」別離を経験した時

　水瓶座は風の星座です。風は思考を意味しますからどんな場面でも理性を大事にします。感情の波に押し流され、取り乱すようなことはありません。そうならないよう、きっちりとブレーキを踏むことができるのです。そのため、あなたが大事な人との別れを経験し、言葉に表せない痛みを感じていたとしても、多くの人はそのことにまったく気づかないでしょう。

　あなたの元を去ってしまった大事な人に、あるいはこんなつらい試練を与えた運命に「どうして!?」と、疑問ばかりが頭に浮かぶかもしれませんね。でも、この世の中にはどれだけ頑張っても理解できないことがあるのです。いずれすべての理由を知り「そうだったのか」と受け入れられる時が来ます。今はただ、感謝の気持ちで相手を見送ってください。そうしてしばらくしたら、大事な人が去って、心にぽっかり空いた穴を埋めるにふさわしい「新しい何か」を探し始めましょう。

「傷ついた……」
とても悲しくつらい時

　誰かにひどいことを言われたり、何かうまくいかないことがあって、あなたは「傷ついた」と感じているのでしょう。でもあなたの心に傷をつけることができる人や物事は、本当に存在しているのでしょうか？　もしかするとあなたが「傷ついた」と思い込んでいるだけではありませんか？

　あなたの心は自由です。誰の制約も受けません。「傷つけられた」と思うのも、「傷つけられた」という幻想をいつまでも抱えているのも、実はあなた自身の選択なのです。つまりあなたが「自分は傷ついていない」と思えば、傷など最初からついていないということになります。どんなにひどいことを他人から言われたとしても、その経験によって、あなたの価値が損なわれたわけではありません。むしろ以前よりも賢くなり、深い魅力を備えた人になったのです。今、感じている痛みはまもなく消えていきますから、新しい出来事に心を開いてみましょう。

CASE **10**

「迷ってしまう」
答えを決められない時

　水瓶座のあなたの場合、何かを決断する際に「迷う」ということはないはずです。なぜなら、答えはあなたの中ではすでに決まっていることがほとんどだから。あなたが一度「これが正しい」と思ったなら、周りに何と言われようとも揺らぐことはないでしょう。また、あなたはたとえ損をするとわかっていても、自分の本心に背いた答えを選べる人ではありません。

　でも人生の重要な局面にある時など、どうしても選びかねることがあるかもしれませんね。そんな時は、あれこれ細かいことを考えるのは止めて、すべてを天に委ねることをおすすめします。「どうしたらいいんだろう」と思ったとしても、そう思わなかったとしても、最終的にはすべてが本当に「なるようになる」のがこの世の真理です。ですから「自分が本当に幸せになる道を選べますように」とだけ、祈ってみましょう。そうすれば、あなたが間違った選択をすることはないはずです。

水瓶座を
もっと元気に
してくれるもの

「何だか調子が出ない……」そんな時に、
ぜひ試してみてほしい、ちょっとした魔法。
あなたが元気になれば世界が幸せになります。

\\ Cheer Up! //

運気回復処方箋を作っておく

あなたが何かに行きづまったり、
スランプに陥る時は、
少しずつ調子を落としながら、
ある日突然、ガクンと機能停止します。
そして立ち上がるのに倍の時間を要するのです。
そうならないためにも、前兆を感じた時に、
早めに対処することが大切です。
そこで、「これがあれば必ず幸せな気分になれる」
というものをリストアップしておきましょう。
小説でも音楽でも映画でも、何でもOK。
それに浸っている時、「いいエネルギーと刺激を
受け取っているな」と感じられるものがいいですね。
これはあなたの「運気回復処方箋」。
「何かおかしいぞ」と思ったらサッと取り出し、
すぐに自分を手当てしてあげましょう。
ほどなくして気持ちも運も回復するはずです。

\\ Cheer Up! //

とりあえず
空を見上げてみる

水瓶座のあなたにとって、空は味方です。
澄みきった雲1つない青空は、
あなたが何にも縛られない、
自由な存在であるということを
思い出させてくれることでしょう。
満点の星たちが輝く夜空は、
あなたが宇宙に愛されていて、
決して独りではないことを。
朝焼けの空、夕暮れの空は
1日という時間の大切さを。
雨空は思いきり涙を流してもいいことを。
そして虹がかかった空はあなたに
夢を思い描くことと、奇跡を信じることの
大切さを思い出させてくれるはず。
元気が出ない時は顔を上げて。
きっとあなたはまた頑張れるでしょう。

Cheer Up!

レトロ感あふれる 物を手にする

「この頃、何だかやる気が出ない……」。
そう感じた時は、気晴らしに買い物へ。
最近はネットショップで買い物を
済ませる人も多いですが、
実際に商品を手に取れるお店へ
足を運ぶのが理想的です。
生活に必要な品を買うのもいいですが、
レトロなテイストのかわいい雑貨や
服を手に入れるのはいかが？
それは少し懐かしい気がするでしょうが、
当時としては最先端のもので、
人々に新鮮な驚きや感動を与えていた、
ということをイメージしてみましょう。
未来と過去が交錯したような、
不思議な気持ちになれるはず。
その感覚はあなたを元気にしてくれるでしょう。

Cheer Up!

心を無にして
世界と交信する

以前から、あなたは時々、不思議な
インスピレーションを受け取ることがあるのでは？
例えば、道ですれ違う人の言葉に、
偶然流れてきた曲の歌詞に、
ひらりと落ちた１枚の写真に、
悩んでいる答えを見つけたように
ハッとしたことがあるのでは？
こうした偶然の事象に何らかの
メッセージが隠れていることはよくあります。
天はどうしてもあなたに伝えたいことがある時に、
様々な形でヒントを送ってくるのです。
「どうしてもわからない」「答えが欲しい」。
そんな時は心を無にして、
周囲を冷静に見渡してみて。
あなたがピンと来たもの……それが答えです。
悩んでいる時に、ぜひお試しを。

\\ Cheer Up! //

「1点もの」の作品を眺めてみる

あなたの心はせわしなく動いています。
いろいろなことにエネルギーを使っていますから、
1日の終わりにはへとへとになっているでしょう。
そんなあなたに元気をくれるのは
「1点もの」のアイテムです。
絵でも雑貨でも服でも、何でも構いません。
それを静かに眺めてみましょう。
世界中にただ1つしかない、
作り手の思いが込められた品は、
とても強いエネルギーを持っています。
それにふれると、あなたの中に眠っている
創造性が触発されて動き出すのです。
「自分も負けてはいられない！」という気持ちになり、
創作活動に打ち込みたくなることも。
絵を描いたり、小物を手作りしたり……。
そのひと時は絶好の癒やしの時間となるはず。

CHAPTER 3

もっと知りたい、私という宇宙

水瓶座の
魂を癒やすワーク

「自分はどんな人間なんだろう？」
「本当はどうしたいんだろう？」
一番大切なはずの自分自身のことが
わからなくなってしまうのはなぜ？
それを探るためのお手伝いをします。

「幸せの答え」は
あなたの中にあります

　あなたは今日、どんな人と会いましたか？　どんな会話をしましたか？　1つずつ思い出そうとすればきりがありませんね。

　でもあなたはこのところ「ある人物」と疎遠になっているのではないでしょうか。

　それは……ほかならぬあなた自身。

　今日「あなたのこと」について思いを巡らせたことは、どれぐらいあったでしょうか。ほとんどの人は、そんなことを考えるまでもなく1日を過ごしているはずです。

　僕たちは外側の世界で起こることに対応するのに手一杯になっていて、本来、一番身近な存在であるはずの「自分」について考えることをないがしろにしてしまいがちです。その結果、どんなことが起こるのでしょう？

　「自分のことがわからない」「どうしたいかわからない」……。こういった状態で行動を起こすと、不安や迷いしか生まれません。それが本当に自分のしたいことなのか否か、確かめることさえできないからです。

　こんな時、おすすめなのが自分の思いを「書く」ことです。静かな1人の時間を確保して、自分の内側で感じている思い、

ふと浮かび上がってきたイメージを「書く」ことによって、今、どんなことを思っているのか、可視化することができます。

　とはいえ、いきなり自分の思いを書き出すのはなかなか難しいかもしれないので、ここではそのきっかけとなるような「書き込み式ワーク」を用意しました。

　それぞれの質問に答えを書き込んでいくうちに、あなた自身のことがわかるようになっています。

　難しく考えず、ワクワクと夢を広げ、子どものような気持ちで書いてください。きっと「すべての答えは自分の中にあったんだ」ということを実感できると思います。

　なかにはこうしたワークをやるのを「恥ずかしい」「誰かに見られたら……」と思う人もいるかもしれません。ですが、この本はそもそも『あなたへの贈り物』ですから、人に見せるわけではありません。心の中で答えを「考えてみる」だけでも十分、その効果を実感できるでしょう。

　また心境の変化が訪れた時、人生が大きく変わった時には、再度、このワークをやってみると「あなたにまつわる意外な真実」「新しい何か」が見つかるかもしれませんよ。

自分のことを好きになれない時に……
『過去を癒やす』ワーク

「自分が嫌い」「自信が持てない」……。そうした感情は幼少期の体験が引き金になっていることが多いもの。それを癒やすために、以下の質問に答えを書き込んでください。

 子どもの頃、あなたが住んでいた世界はどのように見えていましたか？ 簡単な言葉で書き表してください。絵で描いても OK です。

例／何が起こるかわからない冒険の世界
　　お母さんの愛に包まれた温もりの世界

子どもの頃に「もしかしたら、自分は人とは違うのではないか」と感じたのはどんな時ですか？ その場面を思い出して書き出してみてください。

例／給食を食べるのが遅く、教室に1人で残された時
　　人より手先が器用で折り紙をほめられた時

Q3

子どもの頃、大好きだった歌の歌詞を思い出して、その一節を書いてみましょう。思いつく限り、いくつ書いても構いません。

あなたは３つの質問にどのように答えましたか？
解説を読みながら、自分の答えを見直してみましょう。

A1解説

　これは今でもあなたの人間性を形作っている、大切なキーワードです。「温かく愛にあふれていた」と思うなら、あなたは「温かく愛にあふれたもの」を求めて生きる人になります。人生の節目で思い出すと、インスピレーションが湧いて大事なことがわかりますよ。

A2解説

　幼い頃に感じた「人との違い」は、今もなお息づくあなたの個性です。「給食を食べるのが遅かった」ならば「ゆっくりと１つひとつの物事の味を確かめながら進む」のが個性なのかもしれません。それがあなたの存在価値を深めてくれるものです。その出来事を思い出し、そこにいた相手と経験そのものに心から「ありがとう」と言ってみましょう。

A3解説

　これはあなたの心を動かす「不思議な言葉」です。時々、言葉を噛みしめながらつぶやいたり、ハミングしてみましょう。自分自身の声に、心の深い部分が癒やされることでしょう。

ジーニーからあなたへ……

　ここで書かれた答えは、あなたにとって少し意外なものだったのではないでしょうか？　「大人になるにつれ、心も身体も成長し、いろいろなことが変わった」と思っても、案外根っこの部分は当時のままだったりするのです。子どもの頃に失ったと思っていた何かが、実はあなたの中に今でも息づいていることに気づいた時、深く安心できるはずです。

やりたいことが見つからない時に……
『未来を見つける』ワーク

「自分が何をしたいのかわからない」「未来がモヤモヤしている……」そんな時には、このワークをしてみましょう。以下の質問に自由に答えを書き込んでください。

あなたは今、船に乗っているとイメージしてください。その船はどんな船ですか？ 行き先はどこでしょうか？ 一緒に乗っているのは誰ですか？ 自由に書いてみましょう。

例／どんな船？：オールで漕ぐボート
　　行き先は？：誰も足を踏み入れたことのない未知の島
　　一緒に乗っているのは？：学生時代の男友達

どんな船？：

行き先は？：

一緒に乗っているのは？：

今日は予定がすべてキャンセルになり、丸1日1人で自由に過ごせることになりました。財布にはお小遣いが1万円入っています。どんな風に過ごしたら幸せな日になると思いますか？　自由にプランを書いてみましょう。いくつ案を出してもOKです。

例／気になっている海外ドラマを全話通して観る
　　隣町の日帰り温泉に出かけて、のんびり過ごす
　　憧れのヘアサロンへ行き、イメージチェンジをする

_____

_____

_____

_____

_____

_____

_____

_____

あなたは別荘を持つことになりました。どんな場所に、どんな家を造りたいですか？ インテリアのイメージは？ 家具や内装、植物や動物、隣人の様子など、思いつくまま自由に書いてみましょう。

例／どんな場所？：暖かい南風が吹く海岸沿い
　　どんな家？：バルコニーがあり、すぐ海に行ける家
　　インテリアは？：アジアンテイストの家具で統一
　　このほかに欲しいものは？：4人以上で食事ができるテーブル、○○社のコーヒーメーカー、寄りかかれる大きな木、天蓋のついたベッド、大好きな犬が1匹

どんな場所？：

どんな家？：

インテリアは？：

このほかに欲しいものは？：

あなたは3つの質問にどのように答えましたか？
解説を読みながら、自分の答えを見直してみましょう。

A1解説

　ここに書かれた「行き先」は、あなたが今、目指している方向性を表しています。船の状態はあなたの心身のコンディションを、一緒に乗っている人はとても頼りにしている存在でしょう。

A2解説

　今、あなたが実現可能な範囲で手に入れたい「幸せの形」を表しています。たった1日の休暇と1万円で、ここに書かれた内容を現実にできるのです。思いきって実行してみては？　「幸せ」を手に入れることはそう難しいことではないんですよ。

A3解説

　別荘の様子が、あなたがいつかたどり着きたいと思っている「幸せ」のイメージです。自分の家ではなく、別荘であることがポイントです。家族や仕事などのしがらみのない状態で、自由にあなたが幸せを追求すると、この形になるのです。これを少しずつでも現実のものにするために今できることは何か、始められることはないか、考えてみましょう。

ジーニーからあなたへ……

　普段、人間は日常の出来事に追われて「目の前」しか見えなくなっています。それでは自分がどこに行こうとしているのかを見失ってしまうでしょう。その目的地とはあなたの「本当の幸せ」です。このワークを通じて、本当に大切な夢や幸せの形が見つかったはずです。心境に応じて変わることもあるので、繰り返し書いてみるのもおすすめですよ。

自分らしさを見つけたい時に……
『水瓶座のための』ワーク

「自分の長所は何だろう？」「もっと自信を持ちたい！」という時は、このワークをしてみましょう。以下の質問に自由に答えを書き込んでください。

 子どもの頃、大人になったらどんなことをしたいと思っていましたか？　思い出していくつでも書いてみましょう。

例：一晩中、眠らずに起きていて夜中に散歩をする
　　スーパーのカゴいっぱいにお菓子を買う

_____

_____

_____

_____

_____

_____

_____

Q2 あなたが政治家だったら、世の中をどんな風に改善したいでしょうか？ 理想のプランを自由に書いてみましょう。

例／すべての子どもが自由に教育を受けられるようにする
　　結婚の形態を変え、もっと選択肢を増やす

_____

_____

_____

_____

_____

_____

_____

_____

_____

_____

_____

あと1週間でこの世界が終わるとしたら、誰とどこで、どんな風に過ごしたいでしょう？じっくり考え、書き出してみてください。

例／誰と？：好きな人
　　どこで？：南国の暖かい島
　　どんな風に？：何も考えずに楽しくバカンスを楽しむ

誰と？：

どこで？：

どんな風に？：

あなたは3つの質問にどのように答えましたか？
解説を読みながら、自分の答えを見直してみましょう。

A1解説

　幼少期に憧れを抱いていたことの中に、人生の大きな幸せにつながる
ヒントがあります。ここに書かれたことは、大人になった今なら実現で
きるはず。幼少期の願いを叶えてあげることで、心の奥深い部分が満た
されていくのを感じるでしょう。

A2解説

　あなたはここに書かれていることに取り組むために、この世に生ま
れてきました。この使命は生まれる以前に、あなたが自分で設定したも
の。そのことを覚えていないかもしれませんが、それについて考えるこ
とで、本来の目的と情熱を取り戻すことができるでしょう。

A3解説

　世界の終わりにあなたが一緒にいたいと願った相手は、あなたの人生
でもっとも特別な存在です。ぜひその人に大切な思いを告げましょう。
また行きたい場所、やりたいことはあなたに無条件で幸せを与えてくれ
るものです。疲れた時に足を運んだり、体験してみましょう。

ジーニーからあなたへ……

　水瓶座のあなたは、時々、自分の感情に無頓着になってしまいます。
まるで映画を観るように、第三者的に自分自身を眺めていることも。で
もここに書かれたことが、あなたに生きる「喜び」と「熱意」という、
人間らしい感情を思い出させてくれます。あなたにとって、人生で本当
に必要なものはそう多くありません。それを毎日の中で実感して。

CHAPTER 4

月が導く、人生の転換期

水瓶座の運命の
ターニングポイント

「月」から導き出したリズムに乗って
自然界と呼吸を合わせて生きれば、
「ツキ」に恵まれるようになります。
あなたにとっての「運の変わり目」
はいつ訪れるのでしょうか。

運気は「新月」と「満月」を
節目に流れが変わります

　西洋占星術において、月は「感情」を意味する天体です。

　月は約28日周期で満ち欠けを繰り返します。女性の身体のサイクルだけでなく、人の心もその移ろいゆく月に何らかの影響を受けているとしても、不思議ではありません。

　感情だけでなく運気もそうです。例えば、新月は願い事をするのに向いていると言われます。新月とは夜空で月と太陽が重なり、見えなくなる状態。そこからまた約14〜15日かけて月は満ちていくわけですが、これが「無から有が生まれる時」、つまり「願いが叶う時」と考えられてきました。

　実は日本人は、古くからこの願望成就法を実践していたということをご存知ですか？　古く日本で使われていた暦は新月を1日（朔日）とする太陰暦でした。この暦ではだいたい毎月15日くらいに満月を迎えます。

　そして日本人は「1日参り」「15日参り」といって毎月1日と15日は、神社に行ってお祈りする習慣がありました。まさに新月と満月の日ということになります。

　新月と満月は誰にとってもスペシャルなイベントです。毎月、巡って来るこれらの日を「運の節目」と考えて行動をしていけば、自ずとツキに恵まれる人になれるでしょう。

PHASES OF THE MOON
月の満ち欠け

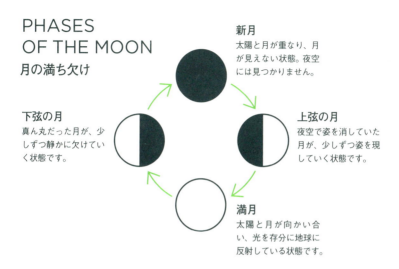

新月
太陽と月が重なり、月が見えない状態。夜空には見つかりません。

上弦の月
夜空で姿を消していた月が、少しずつ姿を現していく状態です。

満月
太陽と月が向かい合い、光を存分に地球に反射している状態です。

下弦の月
真ん丸だった月が、少しずつ静かに欠けていく状態です。

　新月や満月が起きる日は全員共通ですが、それが星座ごとにどんな影響を与えるか、より細かく見ることもできます。そこで本書88ページの「新月・満月カレンダー」ではそれぞれの新月・満月に番号をつけています。例えば2015年の11/12は、水瓶座にとっては「10番目の新月」ですが、牡羊座にとっては「8番目の新月」となり、その番号からどんな出来事が起きやすいか、類推できるのです。ただしこの番号は新月・満月の回数を表したものではなく、同じ番号の新月・満月が続くこともあります。

　新月・満月になる当日は、特に重要なターニングポイントとなるので、その日に何が起きたか、何を考えたり感じたりしたか、ぜひ意識してみてください。またその運の流れは次の新月・満月まで続いていくので「その期間の過ごし方」として、心に留めておきましょう。

NEW MOON
新月　始める力

　新月には「新たに物事を始める力」があります。昔から「新月に蒔いた種はよく育つ」と言われていましたが、暗闇からだんだん月が姿を見せていく光景が、万物が成長していくさまと重ね合わされたのでしょう。仕事でも習い事でも、新しいことに挑戦したい時です。新企画を立ち上げるのもいいでしょう。また新月ごとに新しい課題を設け、それにトライしていくのもおすすめです。1年で12〜13段もの階段を上ることができるということになりますから、1年後に、自分の成長に驚くことになるでしょう。

　また新月から満月までの月が満ちていく期間はあらゆるものを「吸収する力」が高まります。そのため不足している栄養を補給するサプリメントやコスメを使うと、いつも以上に浸透していると感じられるでしょう。

新月の日にトライするといいこと

- 新しいことを始める
- 髪形や服装、メイクを変える
- 新たな知識を吸収する
- 小さな挑戦をする

FULL MOON

満月　手放す力

月が満ち、ピークに達して全面に輝くのが満月です。これは何かが極まること、成就することを意味します。新月の時に始めたことの結果が出たり、かけた願いが叶ったりする場合も。また満月の日は感情がたかぶりやすく、盛り上がってハイになる人もいれば、孤独を感じて少し落ち込む人もいるでしょう。とはいえ、いつもよりロマンチックなムードになりやすい時でも

あるので、恋愛に関して行動を起こすのにいい時です。

また月はここから欠けていきますから、いらないものをどんどん「手放す」サイクルに入ります。不用品を捨てたり、データを整理するだけでなく、手がけてきた作業や立てた計画の見直しも行いましょう。無理があったなら調整を。また負担を感じている人間関係があるなら、そっと距離を置き始めましょう。

満月の日にトライするといいこと

・ずっと言えなかった思いを告げる

・家の掃除や、いらないものを捨てる

・様々な計画の達成率を見直す

・半月の間の出来事を思い出し、感謝する

2015-2022 新月・満月カレンダー
あなたの転機がわかる

2015年

01 / 05	6番目の満月
01 / 20	1番目の新月
02 / 04	7番目の満月
02 / 19	1番目の新月
03 / 06	8番目の満月
03 / 20	2番目の新月
04 / 04	9番目の満月
04 / 19	3番目の新月
05 / 04	10番目の満月
05 / 18	4番目の新月
06 / 03	11番目の満月
06 / 16	5番目の新月
07 / 02	12番目の満月
07 / 16	6番目の新月
07 / 31	1番目の満月
08 / 14	7番目の新月
08 / 30	2番目の満月
09 / 13	8番目の新月
09 / 28	3番目の満月
10 / 13	9番目の新月
10 / 27	4番目の満月
11 / 12	10番目の新月
11 / 26	5番目の満月
12 / 11	11番目の新月
12 / 25	6番目の満月

2016年

01 / 10	12番目の新月
01 / 24	7番目の満月
02 / 08	1番目の新月
02 / 23	8番目の満月
03 / 09	2番目の新月
03 / 23	9番目の満月
04 / 07	3番目の新月
04 / 22	10番目の満月
05 / 07	4番目の新月
05 / 22	11番目の満月
06 / 05	5番目の新月
06 / 20	11番目の満月
07 / 04	6番目の新月
07 / 20	12番目の満月
08 / 03	7番目の新月
08 / 18	1番目の満月
09 / 01	8番目の新月
09 / 17	2番目の満月
10 / 01	9番目の新月
10 / 16	3番目の満月
10 / 31	10番目の新月
11 / 14	4番目の満月
11 / 29	11番目の新月
12 / 14	5番目の満月
12 / 29	12番目の新月

2017年

01 / 12	6番目の満月
01 / 28	1番目の新月
02 / 11	7番目の満月
02 / 26	2番目の新月
03 / 12	8番目の満月
03 / 28	3番目の新月
04 / 11	9番目の満月
04 / 26	4番目の新月
05 / 11	10番目の満月
05 / 26	5番目の新月
06 / 09	11番目の満月
06 / 24	6番目の新月
07 / 09	12番目の満月
07 / 23	7番目の新月
08 / 08	1番目の満月
08 / 22	7番目の新月
09 / 06	2番目の満月
09 / 20	8番目の新月
10 / 06	3番目の満月
10 / 20	9番目の新月
11 / 04	4番目の満月
11 / 18	10番目の新月
12 / 04	5番目の満月
12 / 18	11番目の新月

2018年

01 / 02	6番目の満月
01 / 17	12番目の新月
01 / 31	7番目の満月
02 / 16	1番目の新月
03 / 02	8番目の満月
03 / 17	2番目の新月
03 / 31	9番目の満月
04 / 16	3番目の新月
04 / 30	10番目の満月
05 / 15	4番目の新月
05 / 29	11番目の満月
06 / 14	5番目の新月
06 / 28	12番目の満月
07 / 13	6番目の新月
07 / 28	1番目の満月
08 / 11	7番目の新月
08 / 26	2番目の満月
09 / 10	8番目の新月
09 / 25	3番目の満月
10 / 09	9番目の新月
10 / 25	4番目の満月
11 / 08	10番目の新月
11 / 23	5番目の満月
12 / 07	11番目の新月
12 / 23	6番目の満月

〈表の見方〉 各新月・満月があなたにとって「何番目の新月・満月」に当たるのかを調べ、解説を読んでください。その時期に起こることを知り、アドバイスを実践すれば、自然と運の波に乗りやすくなります。また過去の新月・満月のタイミングに起きた事象が、今のあなたに影響していることもあるので、振り返ってみましょう。

2019年

01 / 06	12番目の新月
01 / 21	7番目の満月
02 / 05	1番目の新月
02 / 20	8番目の満月
03 / 07	2番目の新月
03 / 21	9番目の満月
04 / 05	3番目の新月
04 / 19	9番目の満月
05 / 05	4番目の新月
05 / 19	10番目の満月
06 / 03	5番目の新月
06 / 17	11番目の満月
07 / 03	6番目の新月
07 / 17	12番目の満月
08 / 01	7番目の新月
08 / 15	1番目の満月
08 / 30	8番目の新月
09 / 14	2番目の満月
09 / 29	9番目の新月
10 / 14	3番目の満月
10 / 28	10番目の新月
11 / 12	4番目の満月
11 / 27	11番目の新月
12 / 12	5番目の満月
12 / 26	12番目の新月

2020年

01 / 11	6番目の満月
01 / 25	1番目の新月
02 / 09	7番目の満月
02 / 24	2番目の新月
03 / 10	8番目の満月
03 / 24	3番目の新月
04 / 08	9番目の満月
04 / 23	4番目の新月
05 / 07	10番目の満月
05 / 23	5番目の新月
06 / 06	11番目の満月
06 / 21	6番目の新月
07 / 05	12番目の満月
07 / 21	6番目の新月
08 / 04	1番目の満月
08 / 19	7番目の新月
09 / 02	2番目の満月
09 / 17	8番目の新月
10 / 02	3番目の満月
10 / 17	9番目の新月
10 / 31	4番目の満月
11 / 15	10番目の新月
11 / 30	5番目の満月
12 / 15	11番目の新月
12 / 30	6番目の満月

2021年

01 / 13	12番目の新月
01 / 29	7番目の満月
02 / 12	1番目の新月
02 / 27	8番目の満月
03 / 13	2番目の新月
03 / 29	9番目の満月
04 / 12	3番目の新月
04 / 27	10番目の満月
05 / 12	4番目の新月
05 / 26	11番目の満月
06 / 10	5番目の新月
06 / 25	12番目の満月
07 / 10	6番目の新月
07 / 24	1番目の満月
08 / 08	7番目の新月
08 / 22	1番目の満月
09 / 07	8番目の新月
09 / 21	2番目の満月
10 / 06	9番目の新月
10 / 20	3番目の満月
11 / 05	10番目の新月
11 / 19	4番目の満月
12 / 04	11番目の新月
12 / 19	5番目の満月

2022年

01 / 03	12番目の新月
01 / 18	6番目の満月
02 / 01	1番目の新月
02 / 17	7番目の満月
03 / 03	2番目の新月
03 / 18	8番目の満月
04 / 01	3番目の新月
04 / 17	9番目の満月
05 / 01	4番目の新月
05 / 16	10番目の満月
05 / 30	5番目の新月
06 / 14	11番目の満月
06 / 29	6番目の新月
07 / 14	12番目の満月
07 / 29	7番目の新月
08 / 12	1番目の満月
08 / 27	8番目の新月
09 / 10	2番目の満月
09 / 26	9番目の新月
10 / 10	3番目の満月
10 / 25	10番目の新月
11 / 08	4番目の満月
11 / 24	11番目の新月
12 / 08	5番目の満月
12 / 23	12番目の新月

1番目の新月

自分の気持ちに正直になる

　自分らしさや個性を存分に発揮したい時。共通の趣味を持つ人やグループをSNSなどで探すと、知的好奇心を満たしてくれる有意義な出会いとなりそうです。また、このタイミングで今後の人生の明確な目標を立て、1歩を踏み出しておくとスムーズに計画が進んでいきます。興味を持ったこと、やりたいと思ったことには我慢せず取り組みましょう。疲れは足に出やすくなるので、お風呂上がりのマッサージでリセットして。

1番目の満月

直感に従って追究していく

　ネットサーフィンにツキがある時です。物でも人でもイベントでも、「何となく気になる」と興味を持ったことは、あなたにとって有益なものである可能性が高いでしょう。ぜひ持ち前の情報収集力を駆使して、詳しく調べてみて。また、同性異性を問わず、誰とでも仲良くできるあなたですから、この時期は大人数で楽しいひと時を過ごすのがおすすめ。ちょっとしたパーティーを開いてみると、充実した時間になりそう。

2番目の新月

本物の豊かさに目を向ける時

　自分がどんなものに囲まれていたら、心地いい気分になれるかを想像してみましょう。肌ざわりのいいタオルで顔を拭いている、部屋がお気に入りの香りで満たされている、おいしいものを食べているなど、あなたが心から幸せを感じている時をイメージしてみて。そうすることで、自分が本当に好きなものに改めて目を向けられるようになるはず。また、この時期はスキンケアに力を入れると、みるみる効果が出るでしょう。

2番目の満月

ちょっといいものを追求する

　この時期は、何事も「量より質」を意識しましょう。いつより少しお高めのランチを食べに行く、持ち物を買い替え、グレードアップさせるなど、自分を今よりもさらに心地良くさせてくれるものを積極的に選んでいきましょう。また、お金の使い方を見直すのもこの機会に。もしお金を得られたら、何を買って、どんな気持ちになるか、心が満たされているイメージを持つことで、あなたの元に自然とお金がやってくるはずですよ。

3番目の新月

軽やかに学んでいく

いろいろな知識をアップデートするのに適した時です。どんどん新しい情報を仕入れ、固定観念を覆していきましょう。これまであまり足を運んだことのない場所に、ひらめきが眠っていそうです。あなたの直感が「ここ」と感じ取った場所に、ぜひ行ってみましょう。読書やインターネットで知識を得るのもいいですが、この時期は実際の経験で学んだ知識のほうが、あなたに心からの驚きと発見をもたらしてくれるはずです。

3番目の満月

ひらめきを形にしていく

アクティブな行動が幸運を招く時。「これをしたらきっと楽しい！」というアイデアが、どんどん浮かんでくるでしょう。それを心の中に留めることなく、すぐに実行に移しましょう。流行に敏感になっておくことも、この時期のラッキーアクション。世間の動きには、常にアンテナを立てておきましょう。また、電化製品の買い替えもおすすめ。ピンと来たものは、買って正解です。きっと満足のいく働きをしてくれるでしょう。

4番目の新月

自分を甘やかす
スペシャルな期間

　身体の声にじっくりと耳を傾けたい時。肌が疲れていると感じたら、エステに行ったり、スキンケア用品を新しいものに変えてみる。身体が疲れていると感じたら、ヨガなどを始めたり、お風呂上がりにストレッチを行ったりするのもいいでしょう。自分の身体を労ってあげる、ごほうびタイムを設けて。特に部屋でアロマを焚いたり、ディフューザーを置いたりすると、心からリラックスできる空間になるのでお試しあれ。

4番目の満月

家での時間を
快適にする

　この時期は、家の中の不要な物を処分し、自分が本当に好きな物に囲まれる環境を整えましょう。捨てられずに取っておいたもらい物や、思い出の品、なかなか手がつけられなかった大物の処分も、このタイミングでなら最後までやり遂げられるはずです。また、金銭面にも目を向けたい時。財布の中にレシートがたまっていたり、無駄な出費がないかどうかを見直してみましょう。家計簿をつけるのもおすすめです。

文明の利器で自分を発信

人とのコミュニケーションがスムーズにとれる時です。初対面の人であっても、緊張せずに話しかけることができそうです。メールや電話などでの連絡も円滑に行えるので、便利なアプリケーションがあったら、どんどん活用してみるといいでしょう。また、頭の回転が速くなるこの時期は、創作活動にも向いています。SNSなどを通じて、自己表現の場を作ってみると、話題となって多くの人々の注目を浴びる可能性も。

思いきり外の世界を満喫

友人と一緒に騒ぎたい気持ちが高まる時。ぜひあなた主導で、アクティブなレジャーを楽しみましょう。大人数でパーティーを開いたり、テーマパークなどに遊びに行くのもおすすめ。心の底から楽しめる時間になるでしょう。また、恋愛面で何かしらの動きがある予感も。会話が盛り上がる、話し上手な人に注目すると良さそうです。この時期の人との出会いは、今後あなたの大きな助けとなるはずですから、大切にして。

6番目の新月

明るい未来の計画を立てる

　この新月では、将来幸せな家庭を築くことや、子どもに関すること、両親との関係などの願いをかけるのにベスト。自分が理想とする家庭像を、改めて考えておくといいでしょう。また、周囲の環境を整えることが大切な時ですから、家の掃除を行ったり、部屋の模様替えなどをするのにも最適です。緻密な作業でもスムーズに行うことができるので、日頃敬遠しがちな細かい部分の掃除などにじっくり取り組むのがおすすめです。

6番目の満月

生活改善のポイントは料理

　「規則正しさ」を意識したい時です。最近不摂生な生活を送っていませんか？　思い当たる節がある人は、ここで改善しておいて。特に、食生活の見直しには最適です。この機会に、料理をする回数を増やしてみるといいでしょう。最初は少し面倒に思うかもしれませんが、出来合いのものをキレイにお皿に盛りつけるなど、簡単なことからで構いません。楽しく取り組むことで、意外とストレス発散になるはずですよ。

7番目の新月

目立つことを恐れない

注目されたい、人から認められたいという欲求が高まる時なので、あらゆる表現活動にツキがあります。絵や文章を創作したり、習い事などでステージに立ったりすると、自分を魅せる楽しさを知ることができるでしょう。また、自分を愛する気持ちも強くなります。思いきりおしゃれをして外出すれば、普段より自信を持って人と交流できるはずです。また、どんな時でも人に媚びることなく、自分の正義を貫くことも忘れずに。

7番目の満月

自分らしさで周囲の信頼を得る

この時期、ドラマチックな出会いがあなたを待ち受けているようです。一生ものの友人や、ずっと一緒にいたいと感じられる異性と巡り会える予感があるので、お楽しみに。また、心躍るレジャーのお誘いも、どんどん増えてくるでしょう。その際、先頭に立って場をまとめるなど、自分の個性を上手にアピールすることは忘れないようにして。そんなあなたの姿に惹かれて、さらに多くの人が周りに集まってくるはずです。

身辺整理で
サプライズの予感

　集中力が高まるこの時期は、じっくりと何かに取り組むことに向いています。そのため仕事の企画を立てたり、長期にわたる計画を練ったりするのに最適です。また、このタイミングで身の回りの整理整頓を行うと、掘り出し物を発見できる確率がアップ。たまった書類の整理中に、探していた写真を発見する、なんてことも。効率が驚くほど改善されたり、新しい発見が得られることもあるので、ぜひ実行してみましょう。

逃げていたものに
向き合う時

　細かい作業に向いている時です。普段敬遠しがちな整理、管理などに取り組むならこのタイミングが最適。誰かと一緒に行うより、1人で集中するほうがスムーズに進むでしょう。また、この時期は生活習慣を見直すのもおすすめです。健康的な生活にシフトしようと考えているなら、プチ断食を行ったり、デトックスサプリを取り入れたりして、体内環境をリセットしてみて。思いきった禁煙、禁酒も長続きしやすくなります。

9番目の新月

苦手なものにあえて挑戦

社交性が高まる時期です。もし苦手意識を持っている人がいるなら、この機会に関わりを持ってみましょう。洗練された言葉で、普段よりも円滑なコミュニケーションをとることができるはずです。苦手だと思っていたのに、意外と会話が盛り上がって仲良くなれた、ということも。音楽や芸術を楽しむのにも最適です。特に、洋楽や海外の芸術家の作品などにふれてみると、大きく心を揺さぶられる出会いがある可能性も。

9番目の満月

対人面の負担を軽くする

大切な人やパートナーとの関係に変化が起こりそうなタイミングです。自分のためにならないと感じている人とは、この時期にそっと距離を置きましょう。腐れ縁の人物とも、相手を思いやりつつ別れることができそうです。また品のある振る舞い、シックなファッションを心がけると、ツキが巡ってきます。重要な出会いの予感もあるので、ぜひ積極的に外に出ましょう。仕事の交渉なども、この時期に予定を組むのがおすすめです。

10番目の新月

白紙に戻す勇気を持つ

　集中力が高まるこの時期は、何かをじっくり調べたり、勉強したりするのに最適です。何事も目標を立ててから取り組んでみると、結果につながりやすくなるでしょう。もし「何度やってもうまくいかない」と感じていることがあるのなら、一度すべてを真っさらな状態に戻してからやり直してみるのも1つの案です。また、思いきって少しセクシーなファッションに身を包むのもおすすめ。人を惹きつける魅力がアップします。

10番目の満月

昔の自分からひらめきを得る

　自分はどうなりたいのかを見直したい時期です。仕事のキャリアについて考えたくなる出来事が起きる可能性も。そんな時は、自分の原点に戻ってみましょう。どうしてこの仕事に就いたのか、何がしたかったのかを考えると、本当にやりたいことが見えてくるかもしれません。また、自分の本当の気持ちを素直にさらけ出せる時です。親しい人に、悩みを打ち明けるのもいいでしょう。愛を告げるのもこのタイミングが最適です。

11番目の新月

頭より先に足を動かす時

この時期は、思いきり「冒険をすること」がテーマとなります。普段と異なる場所に出かけて、今まで関わったことのない人、未知のものにどんどんふれていきましょう。例えば、この機会に海外旅行に行くのもおすすめです。もし実際に行くのが難しいという人は、ネットの世界で冒険してみるのもいいでしょう。SNSで「何となく惹かれる」人と交流してみるなど、直感を頼りに動いてみると、大きな収穫が得られそうです。

11番目の満月

異国の文化から新たな発見を

海外のアイテムや料理に興味が湧きそうな時です。ぜひ新たに日本に上陸したカフェに足を運んだり、海外で流行しているアイテムを生活に取り入れたりしてみてください。海外旅行のガイドブックを開くだけでもいいでしょう。それにより、価値観がガラッと変わる体験や、おもしろいひらめきを得られる場合も。また、この時期は家事などの日課を1つ減らして、自分のために過ごす時間を確保すると、いいことがありそう。

12番目の新月

歴史あるものから
パワーを受け取る

　伝統ある場所に積極的に足を運びたい時です。神社やお寺などに行って、はるか昔の日本に思いを馳せてみましょう。伝統を重んじることで、身体から大きなエネルギーが湧き上がってくるはずです。またこの時期は、身だしなみに気をつけることがツキを呼ぶアクション。服のシワをしっかりアイロンで伸ばしたり、靴を磨いたりと、細部にまで気持ちを向けられれば、心の余裕が生まれて生活にもゆとりが出てくるでしょう。

12番目の満月

自分を見つめ直し
気持ちをまっすぐに

　生活全般のスケジュール管理を徹底したい時です。要領良く動ける力が高まるので、今一度予定を見直し、負担になっているものがないか考えてみましょう。また、スピリチュアルなことに意識が向くことも多くなりそう。１人で過ごす時間を設けて、じっくり自分と対話するのがおすすめです。瞑想を行ったり、ここ１年を思い返して内省したりと、次のサイクルに向けて心を整えておくといいスタートが切れるでしょう。

CHAPTER 5

どんな人からも、何かを学べる

水瓶座を取り巻く
12人の天使

人生において、もっとも悩みが生じやすいのは、やはり人間関係でしょう。周りの人とどんな関係を育み、学びを得ていけるのか……。星のアドバイスに耳を傾けてみましょう。

※ここで掲載している星座の区分は、大まかな目安です。生まれた年によって星座の境目は異なります。

人間関係に悩んでいる
あなたへ

　この世界には様々な人間がいます。友人、恋人、家族、同僚……年齢も、性別も、育った環境も異なります。そして皆、これまでに培ってきた価値観に基づいて生きています。

　ですから、衝突したり、すれ違って当たり前です。でも、だからこそ「通じ合える」部分を見つけられたら奇跡的です。喜びで飛び上がりたくなるでしょう。また努力の末に「わかり合えた」と感じたら、その絆はかけがえのない財産となります。人間関係に悩んでいる人は「今、自分は素敵なものを手に入れるプロセスにあるのだ」と考えてみてください。

　もちろんどんなに頑張っても、わかり合えずに終わる人もいます。とはいえ「あの人が悪いのだ」などと決めつけないでくださいね。たまたま今、あなたと生きる世界が違っているだけなのですから。何も言わず、静かに距離を置きましょう。

　もしかしたらこれから先の未来に「自分と異なる価値観の相手」を必要とする場面が訪れるかもしれません。その時には、ぜひその人のことを思い出してあげましょう。

　あらゆる人間関係を円滑にするヒントを1つ、お伝えします。それは「相手は自分を映し出す鏡である」と理解することです。

あなたが「嫌いだな」と思う人がいるなら、その「嫌い」と感じる部分があなたの中にもあるのです。例えば「あの人は自分勝手だから嫌い」という場合は、あなたの中にも「自分勝手に振る舞う要素」が、少なからず存在しているのです。だからこそ、相手のその部分に対し「配慮がない」「もっとこうしたらいいのに」といちいち気になってしまうのですね。同様に、誰かがあなたにひどいことを言ってきたならば、それはあなたではなく、その人の中にある同じ部分に文句を言っているのです。

　この法則を応用すると、人間関係を改善することができます。なぜかぎくしゃくしてしまう相手がいるなら、相手の中に隠れた長所を１つでも探してみるようにしてください。その途端、相手とあなたの関係に変化が訪れますよ。

　どんな人も、自分に大切なことを教えてくれる天使なのだ、とイメージしてもいいでしょう。12星座ですから、地上には12タイプの天使がいるということになります。皆、自分の得意分野で力を発揮しつつ、足りない部分は助け合いながら暮らしています。あなたの周りには、どんな天使たちがいますか？　彼らとのつき合い方のヒントを探っていきましょう。

牡羊座の相手 03/21〜04/19生まれ

♈ この人から学べること

　情熱的で、感情表現がとてもストレートな牡羊座。感情よりも、理論で物事に対処していく水瓶座のあなたからすると、何事にも全力投球するその姿は、ちょっと暑苦しさを覚えるかもしれません。しかし、牡羊座の情熱が周りの人の心をも刺激していく様子は、「全力で目標に打ち込む、純粋な気持ち」を思い出させてくれるはずです。「頭で考えるのではなく、感情の赴くまま行動すること」が状況を打開することもある、とあなたに教えてくれるでしょう。

♈ この人にしてあげられること

　牡羊座の信条は「思い立ったら即行動」。事前にあれこれと準備をして挑むより、スピード重視の行動派です。ただ、グループで作業する際にも、周囲に自分と同じ速度を求めてしまいがち。人にはそれぞれ、やり方や都合があることを知っている水瓶座のあなた。1人で先走りそうな牡羊座を見かけたら、少し落ち着くよう、促してあげてください。「周囲と足並みをそろえる大切さ」を教えてあげれば、冷静に状況を見渡してくれるはずです。

牡牛座の相手

04/20～05/20生まれ

♉ この人から学べること

　水瓶座のあなたと同じように、考え方や物に対して独自のこだわりを持っているのが牡牛座です。ただ、牡牛座は自分の感覚を頼りに吟味するタイプなので、データを尊重して物事を判断するあなたからすると、少しのんびりした印象を受けるかもしれません。しかし、何があっても揺るがないその価値観には尊敬を覚えるはず。そんな牡牛座の姿勢は「外部からの情報より、自分の感覚を優先させる大切さ」を教えてくれるでしょう。

♉ この人にしてあげられること

　牡牛座はコツコツと成果を積み上げることが得意です。長期的な計画も、事前に立てたスケジュール通りに着実に進めていきます。ただ、予定外のトラブルやアクシデントに弱く、柔軟に対応できずオロオロしてしまう一面も。切り替えが速く、状況に臨機応変に合わせることが得意な水瓶座のあなた。牡牛座が困っていたら、さりげなくアドバイスを。前向きな発想がパッとひらめくあなたを見て「どんな時も冷静に頭で考える必要性」を学んでくれるはず。

双子座の相手 05/21〜06/21生まれ

Ⅱ この人から学べること

　フットワークが軽く行動的な双子座は、水瓶座の良き理解者です。あなたが専門的な知識を追求していくのに比べ、広く浅く雑多に情報を収集する双子座。話していると思いがけない発見が多く、時間が経つのを忘れてしまうほど盛り上がるでしょう。あなたのアイデアを多角的に見つめ「こうしたら？」とヒントをくれる姿に、「1つのものを話し合って膨らませていく楽しさ」を学べるはず。クリエイティブな感覚をおおいに刺激してくれる存在です。

Ⅱ この人にしてあげられること

　興味や関心が幅広い双子座は、熱しやすく冷めやすいところがあります。好奇心が旺盛なのでじっくり打ち込むより、どうしてもあれこれと手を出しがちに。1つのことを探求する奥深さを知っている、水瓶座のあなた。折にふれて、「そういえばあの話だけど……」と声をかけ、双子座を刺激してあげてください。「物事を継続して追いかけるからこそ、見えてくる面がある」ことが伝われば、双子座も腰を据えて自分の興味を掘り下げてくれるはずです。

蟹座の相手

06/22～07/22生まれ

♋ この人から学べること

　思いやりがあり愛情深い蟹座は、とても優れた洞察力の持ち主。場の空気や雰囲気を察するのがうまく、何かとあなたの行動を先回りして、準備をしてくれることも。コミュニケーションでは「会話」を重視する水瓶座。きめ細やかな蟹座の気遣いに、最初は戸惑ってしまうかもしれません。しかし「どうすれば相手の役に立つだろう？」と想像力を働かせる蟹座の優しさに「相手の気持ちを想像する気遣い」を学ばせてもらえるはずです。

♋ この人にしてあげられること

　蟹座は感受性が豊かで、どうしても感情の振り幅が大きくなりがちです。特にマイナスの感情を抱いている時は、すべてをネガティブに考えてしまい、周囲の空気まで重くしてしまうことも。頭の回転が速く、切り替え上手な水瓶座のあなた。「どうしたの？」「大丈夫？」と蟹座の相談に乗ってあげてください。あなたのポジティブな考え方に触発され、「感情に振り回されず、思考を切り替える大切さ」を学んでいってくれるでしょう。

獅子座の相手

07/23〜
08/22生まれ

♌ この人から学べること

　獅子座は、朗らかで明るいオーラの持ち主。感情表現がとても豊かで、自分の気持ちを堂々と包み隠さずに表現するため、「少しオーバーだな」と感じることがあるかもしれません。しかし獅子座は、客観的であろうとするあまり、状況を見て自分を抑えてしまうことのある水瓶座のあなたに、「自分の意見を信じて、それを主張する喜び」を学ばせてくれる相手。「主観的になるのは決して悪いことではない」と教えてもらえるはずです。

♌ この人にしてあげられること

　情熱的でアグレッシブな獅子座。1つのことに取り組むと、それに熱中してしまうあまり、ほかのものが見えなくなってしまうことも……。視野が広く、発想が独創的な水瓶座のあなた。獅子座の様子を見ていて、気づいたことがあれば積極的に声をかけてあげましょう。「何か忘れてない？」「これで大丈夫？」と、こまめにフォローしてあげれば、心強く感じてくれるはず。あなたの冷静な指摘で、「周囲の状況を見渡す余裕」を取り戻すでしょう。

乙女座の相手　08/23～09/22生まれ

♍ この人から学べること

　乙女座は古き良きものを大切にし、ルールや規律に従順な星座です。「ルールは、周りの人に迷惑をかけないためにあるもの」と考え、常に周囲への配慮を怠らないでしょう。自由な発想を大切にする水瓶座のあなたからすると、少し堅苦しい印象を受けるかもしれません。しかし、気遣いを欠かさない乙女座の姿は、何かと単独行動になりがちなあなたに「ルールや決まりを守ることで、生まれる協調性もある」ことを学ばせてくれるでしょう。

♍ この人にしてあげられること

　まじめで控え目な乙女座は、人づき合いにおいて少しシャイなところがあります。失礼がないように振る舞おうと考えるあまり、何を話していいのかわからなくなってしまうのです。社交的で、どんな人とも気さくに話せる水瓶座のあなた。人が集まる場所では、乙女座の近くにいるよう心がけてあげてください。あなたが初対面の人ともフレンドリーに話す様子を見て、「もっとリラックスして大丈夫なんだ」と、肩の力を抜いてくれるはずです。

天秤座の相手

09/23～
10/23生まれ

♎ この人から学べること

　天秤座は社交的で、とても華やかな雰囲気の持ち主です。水瓶座のあなたと同じく物事を客観的に考える天才で、話していると価値観や考え方に多くの共通点を見つけることができるはず。何気なく口にした話題を、思わぬ切り口から「こんな風にも考えられる」と提案してくれる天秤座は、あなたに「興味や関心を共有できる人がいる心強さ」を教えてくれます。互いに相手の長所を伸ばし合うような、唯一無二の関係を築いていくことができるでしょう。

♎ この人にしてあげられること

　マナーや常識を重んじる天秤座は「どんな時も冷静でいなければ」と常に自分を律しています。取り乱さないように、いつも感情をコントロールしているため「本音を打ち明けてくれていないのでは……？」と疑われてしまうことも。いい意味で空気を読まずに発言できる強さを持っている水瓶座のあなた。「思いを素直に表現するのは、恥ずべきことではない」と天秤座に教えてあげましょう。「もっと個性を出していいんだ」と肩の力を抜いてくれるはずです。

蠍座の相手

10/24～11/22生まれ

♏ この人から学べること

　あまり多くを語らず、会話では聞き役に回ることが多い蠍座。寡黙な印象が強い人ですが、鋭い洞察力の持ち主で、時にハッと驚く指摘をすることも。データの分析が得意で、物事を観察する力に長けている水瓶座のあなた。蠍座の的確な意見は、あなたの好奇心をおおいに刺激してくれるでしょう。「そんな考え方もあったのか！」と、目からウロコが落ちる思いをするはず。「意見を交換することにより、視野が広がる」ことを教えてもらえる相手です。

♏ この人にしてあげられること

　ミステリアスな雰囲気で、一見近寄りがたく見える蠍座ですが、実はとても愛情深い思いやりの持ち主です。感受性が繊細かつ情熱的なため、時に怒りで我を忘れたり、悲しみで前が見えなくなってしまうことも……。いつも冷静な水瓶座のあなた。感情的になっている蠍座を見かけたら「大丈夫？」と話を聞いてあげてください。理知的なあなたが相談に乗ってあげれば、蠍座の心も少しずつ整理され、いつもの落ち着きを取り戻してくれるでしょう。

射手座の相手

11/23～12/21生まれ

この人から学べること

アクティブで視野の広い射手座は、水瓶座のあなたにとって違いを楽しめる存在です。情報を検証し、じっくりと判断するあなたと違い、射手座は直感でパッと答えを選び取ります。慣れない間は、「もう少し考えたら？」とその判断の速さを心配してしまうかもしれません。しかし、「今までに培った知識や経験があるからこそ、瞬時に選択できる」ことが、徐々にわかってくるはず。「考え込むのではなく動きながら考える柔軟性」を学ばせてもらえるでしょう。

この人にしてあげられること

射手座はフットワークが軽く、自由気ままに行動する活動的な星座です。いつもおもしろそうなことを探して飛び回っているので、目新しいニュースや、ためになりそうな情報を見つけたら、ぜひ射手座に教えてあげてください。価値観がよく似た水瓶座のあなたの話なら、どんな話題でも興味深く聞いてくれるはず。何気ない会話や日常的なやりとりからも、新鮮な驚きや刺激を受け取り、些細なことでも話をするだけで喜んでくれるでしょう。

山羊座の相手

12/22〜01/19生まれ

♑ この人から学べること

　まじめで冷静な山羊座は、思慮深く現実的です。頭の中でアイデアや計画を練ると同時に、実現に向けて行動を起こすことも忘れません。少しずつでも、着実に計画を前に進めていくその姿は、思いついたアイデアを寝かせたままにしがちな水瓶座のあなたに、「ありとあらゆる可能性を試していくチャレンジ精神」を教えてくれるでしょう。「できることから、コツコツと作業を進めていく堅実さ」を、山羊座に学ばせてもらえるはずです。

♑ この人にしてあげられること

　慎重で警戒心が強い山羊座は、大勢の人が集まる場所やにぎやかなところが苦手。責任感が強いため「周囲に迷惑をかけないようにしなければ」と、いつも以上にかしこまってしまいます。話し上手で気さくな雰囲気が魅力的な、水瓶座のあなた。そのような場所で山羊座を見かけたら、進んで声をかけてあげましょう。「大丈夫？」「今日はどうしたの？」と明るく話しかければ、緊張もほぐれて、いつも通りリラックスしてくれるはずです。

水瓶座の相手

01/20〜
02/18生まれ

♒ この人から学べること

　水瓶座のあなたと同じ星座である水瓶座は、運気のリズムやタイミングがよく似ているため、まるで鏡を見ているかのような存在です。共通点を挙げればきりがないほど、互いに共感できる部分が多いはず。いい意味で相手を意識するため、「負けないように頑張らないと！」とライバル心を燃やすことができるでしょう。しばらく会う機会がなかったとしても、まるでずっと一緒にいたかのように話せる、気兼ねない関係を築くことができる相手です。

♒ この人にしてあげられること

　水瓶座はあなたにとって、切磋琢磨できる存在であると共に、反面教師でもあります。まるで、自分の姿を客観的に見ているかのように、相手の行動の「理由」や「原因」がありありと見えてくるはず。気になる態度を見かけたら、自分自身も反省すると共に、ぜひ水瓶座にも教えてあげましょう。「どのように言えば受け入れてもらえるか」を意識して、角が立たないように伝えてください。ほかならないあなたの言葉に、水瓶座も感謝してくれるはずです。

魚座の相手

02/19〜03/20生まれ

♓ この人から学べること

　魚座は繊細な感受性の持ち主で、イマジネーションがとても豊かです。感情表現が素直なので、論理的に話すことを重んじる水瓶座のあなたからすると、少し子どもっぽく感じることもあるかもしれません。しかし、魚座の裏表がないピュアな表情は「自分の感情を、ありのまま表現する潔さ」をあなたに教えてくれるはず。「言葉で説明するよりも、感情で表現するほうがより伝わることもある」ことをあなたに学ばせてくれるでしょう。

♓ この人にしてあげられること

　思いやりがあり優しい性格の魚座は、相手の気持ちを尊重するあまり、人の意見に流されてしまうところがあります。特に、強引に迫られると「NO」と言えず、本心では断りたいのに、そのまま引き受けてしまうことも……。責任感が強く、人のために行動することが苦ではない水瓶座のあなた。折にふれて魚座に、「あなたはどう思う？」と声をかけてあげてください。あなたの優しい気遣いを受け、徐々に「主張する大切さ」を学んでいってくれるはずです。

巻末特典

GENIE'S
PHOTO HEALING
願いを叶えるフォトヒーリング

　僕たちは普段「これがないからうまくいかない」「これができないから幸せになれない」……そんな風に思い込んでいます。でも100万円が手に入った時の幸福感と、500円のケーキを食べて「おいしい」と感じる時の幸福感には、実はそう違いはありません。つまり、幸せというのは心が満たされることで得られる「状態」のことであり、きっかけとなる物や状況そのものにはあまり意味がないのです。

　もっとも簡単に「心が満たされた幸せな状態」を作り出す方法、それが「空想」です。イメージの中でしたいことをすれば幸せな気持ちになります。そしてそれに引き寄せられるようにして、次々と「幸せなこと」が現実に起こるようになります。ウソのようですが、これがこの世界の仕組みです。こんな素敵な奇跡を実現できるのが「フォトヒーリング」です。あなたもぜひ、体験してみてくださいね。

フォトヒーリングの方法

あなたの空想を広げるために、特別な「写真」を僕自身が撮影しました。この写真を使うことで、あなたの想像の翼をのびのびと羽ばたかせることができるでしょう。まず深く呼吸をしてリラックスしたら、本を手に持ち、写真を眺めます。次に左ページに書かれているテキストを読み、目を閉じます。写真の光景を心に思い浮かべながら、書かれたメッセージに沿ってイメージを広げてみましょう。心が「満足した」と感じたらそこで終了です。

GENIE'S PHOTO HEALING 001

恋する気持ちを
思い出すヒーリング

写真のカップルのように、
素敵な恋愛を体験している自分を
イメージしてみましょう。

あなたは恋人と一緒に、どんな時を過ごしていますか？
2人でどんな夢を語り合っていますか？

Photographed by Genie

水瓶座のあなたは時に恋をするのが少し怖くなって
しまうことがあります。このヒーリングを行うこと
で、人と愛し合いながら生きる喜びを思い出すこと
ができるはず。恋愛から遠ざかっている時にどうぞ。

GENIE'S PHOTO HEALING 002

人生に夢を誕生させる
フォトヒーリング

あなたはこの劇場に出演する人気スターです。

どんな素晴らしいショーを演じていますか？
喝采を浴びるのはどんな気分でしょう？

その場面をイメージして、
感じたことを存分に味わいましょう。

Photographed by Genie

このヒーリングをすることで、自分でも気づいていなかった潜在的な夢が見つかるでしょう。趣味のレベルでもいいので、それに取り組み、夢を生きてみては？　生きる喜びが見つからない時、新しい目標が必要な時に行ってください。

FUTURE OF
AN AQUARIUS
水瓶座の未来　──おわりに──

　あなたがこの世界に必要とされて生まれてきたということを、いつも忘れないようにしてください。

　あなたは「新しい風を起こす人」であるとお話ししました。あらゆる集団は、あなたが存在することによって情報やエネルギーが淀むことなく、常に循環し、新鮮な状態を保つことができているのです。

　風が立ち上がる時、もちろん何かの抵抗を受けることもあるでしょう。でもそこで諦めたり、小さくまとまったり、本意ではないほうへ流れたりせず、「場をかき回す」役割を進んで買って出るようにしてください。

　なぜならあなたが「いい」と思うもの、「やるべき」と思うことは、絶対にこの世界のためになることだからです。あなたは過去の慣例や、目先の安楽ではなく、「未来の皆

の幸せ」にフォーカスすることができる人。

　そんなあなたの力が、大事にされ、必要とされる時がもう来ています。これからあなたが発するものに、多くの人が賛同してくれるようになるでしょう。ほかの誰でもない、「あなた」に生まれたことに、誇りを持ってください。

　そしてこれまでどんな状況にあっても、必ずどこかで助けの手が差し伸べられてきたことを思い出してください。あなたが今日まで無事に生きて来られたことが、あなたがこの宇宙に愛され、必要とされていることの何よりの証拠。そしてこれからもあなたが「自分の道」を歩み続ける限り、同じように奇跡のような出来事が起き続けますよ。時代はあなたの活躍を待ち望んでいるのです。

ジーニー

星座境目表

あなたが生まれた日に太陽がどこにあったかを示すのが12星座です。
そのため年によって、星座の境目は変わることがあります。
下の表が本書で取り上げている【水瓶座】の期間になります。
（これ以前は【山羊座】、これ以降は【魚座】になります）

年	月日	時間		月日	時間	年	月日	時間		月日	時間	年	月日	時間		月日	時間
1941	01/20	19:34	～	02/19	09:54	1967	01/21	03:08	～	02/19	17:23	1993	01/20	10:24	～	02/19	00:35
1942	01/21	01:23	～	02/19	15:46	1968	01/21	08:54	～	02/19	23:08	1994	01/20	16:08	～	02/19	06:21
1943	01/21	07:19	～	02/19	21:39	1969	01/20	14:39	～	02/19	04:54	1995	01/20	22:01	～	02/19	12:10
1944	01/21	13:07	～	02/20	03:26	1970	01/20	20:24	～	02/19	10:41	1996	01/21	03:53	～	02/19	18:00
1945	01/20	18:54	～	02/19	09:14	1971	01/21	02:13	～	02/19	16:26	1997	01/20	09:43	～	02/18	23:51
1946	01/21	00:45	～	02/19	15:07	1972	01/21	07:59	～	02/19	22:10	1998	01/20	15:46	～	02/19	05:54
1947	01/21	06:31	～	02/19	20:51	1973	01/20	13:49	～	02/19	04:00	1999	01/20	21:37	～	02/19	11:46
1948	01/21	12:18	～	02/20	02:36	1974	01/20	19:46	～	02/19	09:58	2000	01/21	03:24	～	02/19	17:33
1949	01/20	18:09	～	02/19	08:26	1975	01/21	01:37	～	02/19	15:49	2001	01/20	09:17	～	02/18	23:27
1950	01/21	00:00	～	02/19	14:17	1976	01/21	07:25	～	02/19	21:39	2002	01/20	15:03	～	02/19	05:13
1951	01/21	05:52	～	02/19	20:09	1977	01/20	13:15	～	02/19	03:30	2003	01/20	20:53	～	02/19	11:00
1952	01/21	11:38	～	02/20	01:56	1978	01/20	19:05	～	02/19	09:20	2004	01/21	02:43	～	02/19	16:50
1953	01/20	17:21	～	02/19	07:40	1979	01/21	01:00	～	02/19	15:13	2005	01/20	08:22	～	02/18	22:32
1954	01/20	23:11	～	02/19	13:31	1980	01/21	06:49	～	02/19	21:01	2006	01/20	14:16	～	02/19	04:25
1955	01/21	05:02	～	02/19	19:18	1981	01/20	12:37	～	02/19	02:51	2007	01/20	20:01	～	02/19	10:08
1956	01/21	10:48	～	02/20	01:04	1982	01/20	18:31	～	02/19	08:46	2008	01/21	01:44	～	02/19	15:48
1957	01/20	16:39	～	02/19	06:57	1983	01/21	00:17	～	02/19	14:30	2009	01/20	07:40	～	02/18	21:45
1958	01/20	22:29	～	02/19	12:48	1984	01/21	06:06	～	02/19	20:16	2010	01/20	13:28	～	02/19	03:35
1959	01/21	04:19	～	02/19	18:37	1985	01/20	11:58	～	02/19	02:07	2011	01/20	19:18	～	02/19	09:24
1960	01/21	10:10	～	02/20	00:25	1986	01/20	17:46	～	02/19	07:57	2012	01/21	01:10	～	02/19	15:17
1961	01/20	16:01	～	02/19	06:15	1987	01/20	23:40	～	02/19	13:49	2013	01/20	06:52	～	02/18	21:01
1962	01/20	21:58	～	02/19	12:14	1988	01/21	05:25	～	02/19	19:35	2014	01/20	12:51	～	02/19	02:58
1963	01/21	03:54	～	02/19	18:08	1989	01/20	11:08	～	02/19	01:20	2015	01/20	18:43	～	02/19	08:49
1964	01/21	09:41	～	02/19	23:56	1990	01/20	17:02	～	02/19	07:14	2016	01/21	00:27	～	02/19	14:33
1965	01/20	15:29	～	02/19	05:47	1991	01/20	22:48	～	02/19	12:58	2017	01/20	06:23	～	02/18	20:30
1966	01/20	21:20	～	02/19	11:37	1992	01/21	04:33	～	02/19	18:43	2018	01/21	12:09	～	02/19	02:17

エンジェリック・メッセンジャー
ジーニー

Profile
占星術研究家。西洋占星術、タロット、ヒーリング、天使について独自の研究を行う。2004年に開設した「ジーニーの『助けてエンジェル』」は一躍人気ブログに。現在「Yahoo!占い 12星座占い」で毎日の運勢を連載しているほか、ウェブサイト「宇宙からのラブレター」、携帯電話サイト「月の癒し」など、様々な媒体で執筆を行う。著書に『ジーニーの奇跡を起こす「新月の願い」』（総合法令出版）、『幸運を引き寄せる12人の天使』（青春出版社）、『幸運を呼びこむガラクタ追放術』（サンマーク出版）など。『sweet特別編集占いBOOK』シリーズ（小社刊）では年に2回、12星座特集を監修し、読む人の心を癒やすエンジェリック・メッセンジャーとして人気を集めている。また現在、写真家としても活動中。

ブログ「ジーニーの『助けてエンジェル』」
http://helpmeangel.blog70.fc2.com

水瓶座への贈り物

2015年11月19日　第1刷発行

著者　ジーニー

発行人　蓮見清一
発行所　株式会社 宝島社
　　　　〒102-8388　東京都千代田区一番町25番地
　　　　営業 ☎03-3234-4621
　　　　編集 ☎03-3239-0604
　　　　http://tkj.jp
　　　　振替 00170-1-170829 (株) 宝島社
印刷・製本　株式会社 廣済堂

本書の内容を無断で複写・複製・転載・データ
配信することを禁じます。
乱丁・落丁本はお取り替えいたします。

©Genie
©TAKARAJIMASHA 2015
Printed in Japan
ISBN978-4-8002-4791-9

ブックデザイン・イラスト　相馬章宏 (コンコルド)
　　　　　　写真　ジーニー
　　　　編集協力　山田奈緒子、平田摩耶子、
　　　　　　　　　万崎優 (株式会社 説話社)
　　　　　　DTP　株式会社 アル・ヒラヤマ
　　　　企画・編集　春日彩衣子、浜田詩織
　　　　　　　　　(株式会社 宝島社)